L'ordinaire de Dieu

Marie Rouanet

L'ordinaire
de Dieu

Albin Michel

Avant-propos

Lorsque ces chroniques ont paru dans *Prier*, il était prévu qu'elles aient pour titre général : « Au bonheur des jours ». Ce titre me gênait. Je n'avais pas envie que ma voix ne débite que de jolies choses fleuries, des bluettes sans danger et, même si je n'oublie jamais de célébrer la joie et la beauté, je désirais, avec vous, pour vous, confronter ma vie à la parole du Christ, me gourmander, me corriger et inviter les lecteurs à le faire, non comme une punition, mais comme une autre lumière pour d'autres bonheurs.

C'est ainsi que j'ai avancé, cherché, trouvé quelque poussière d'or dans ce tamis – moi – où j'ai sassé la parole du Maître. C'est bien cela une médiation humaine : laver les boues qui masquent la parcelle brillante, ôter l'aveuglement. Mais on ne cherche pas sans trouver.

Cendres, carême et pénitence

Cendres, carême, pénitence, jours maigres, jeûne et abstinence, prière et désert. Voilà des mots à devenir pâle et triste.

Il n'y a que Carnaval qui soit réjouissant, il évoque la rigolade et l'estomac plein. Pourtant, Carnaval, de l'italien *carnelevare*, signifie « ôter la viande ». Il est l'inséparable compagnon grotesque et éphémère de Carême, interminable et rébarbatif.

Avant que les institutions de la République ne parlent de signes ostensibles, je portais fièrement, le jour du mercredi des Cendres, mon front noirci, oubliant que le Christ s'était prononcé clairement sur la question. Dans sa détestation de l'hypocrisie, il demande de l'honorer dans le secret de notre cœur, en silence, de nous parfumer, de nous laver le visage. « Et que personne, surtout, ne s'aperçoive que vous jeûnez ! »

Le front et sa croix de cendres ont, par ailleurs, un sens profond et grave de sagesse tout humaine. On n'hésita pas, autrefois, à parler de la mort aux enfants, à les faire suivre lors des visites mortuaires, à les inviter à méditer sur cette chair qui doit redevenir poussière. Pour après, il reste à vivre d'espérance.

Quand on a de la peine à tenir quelques jours des résolutions sur le travail, le régime, le sevrage de la cigarette, les lettres promises à la vieille parente, la patience ou la fidélité à des devoirs contraignants, on trouve dure l'idée de quarante jours de carême. Il nous est demandé une bien longue assiduité.

Il faut nous souvenir que le carême était pour les catéchumènes la dernière étape de leur prépa-ration au baptême – une sorte de postulat de plusieurs années. Il s'agissait alors pour la communauté de les accompagner en cette fin de parcours, de leur donner l'exemple et, peut-être, de se rafraîchir à leur foi toute neuve. À cette occasion, l'on repensait à son propre baptême. Pour constater, d'ailleurs, que le plus souvent on était bien loin des engagements.

Est-ce trop long, quarante jours, pour revoir sa vie à la lumière de l'Évangile ? Pour se remettre en cause et faire pénitence ?

Pénitence, nous n'aimons pas cela. Et pourtant, la réflexion la plus superficielle met en évidence que nous sommes pécheurs. Se douterait-on que nous avons été baptisés d'esprit et de feu ? que nous sommes appelés à l'incroyable bonne nou-velle du salut et de la Résurrection du matin de Pâques ? Nos vies en sont-elles plus spirituelles et plus ardentes ? Est péché ce qui en nous fait obstacle à la grâce, est péché ce qui en nous retarde les autres sur le chemin de Dieu. Quarante jours pour, humblement, nous reconnaître pécheurs, en enfants confiants, de bonne volonté mais de maigre constitution, fragiles, tentés mais habités d'espérance. Le repentir, c'est peut-être cela. Et la réparation ? Que faire maintenant ? Monter des calvaires à genoux, porter des cilices, effectuer des pénitences publiques, se flageller, suer sous le poids d'une croix à la procession de la *Sanch* ? Pas du tout, il est demandé, sans attendre, de mettre en actes de nouveaux comportements, de naître, douloureusement peut-être, à une vie nouvelle. Le Christ ne dit pas à la femme adultère : « Va et roule-toi dans les épines, fustige ton corps. » Il dit : « Va et ne pèche plus. » Opère une transformation de ta vie. De la tienne. La même mais revisitée, rayonnante. Ou, plus modestement, fais ce que tu peux pour faire passer à travers tes heures et tes jours un peu d'Esprit, un peu de feu.

Ce pain quotidien

Tout, dans la célébration de l'Eucharistie, a été fait pour que nous ne puissions établir un rapport avec la réalité d'un repas. Les mots aussi bien que les objets. Autel, calice, burettes, comme on est loin de table, verres, bouteilles. Si bien que la cérémonie, tout abstraite, se situe dans un ailleurs étranger à nos vies : ces cieux dont nous ne savons rien. Dans : « sur la patène avec l'hostie », qui traduit aisément : sur l'assiette avec le pain ?

La miniaturisation, le luxe des matières et des décorations n'ont rien à voir avec la table du dernier repas du Christ – en bois probablement, tailladée et tachée. Les linges utilisés n'ont rien de torchons. Le « saint autel qu'environnent les anges » est effectivement pour les anges et non pour les hommes. Quant à l'hostie...

C'est avec elle peut-être qu'il est le plus dommageable de s'être éloigné du concret de la vie. Car elle est censée représenter le pain et nous avons tous en tête, même après un demi-siècle de gaspillage organisé, que le pain ne ressemble pas aux autres produits alimentaires. Il symbolise la nourriture essentielle. Ce qu'il fut pendant des siècles pour les plus pauvres. La soupe – du pain finement coupé et du bouillon plus ou moins gras – était ce qui habituellement tenait lieu de repas. Manquer de pain, même sec, fut longtemps le signe même de la misère.

Mon grand-père, quand il s'était barbouillé de soupe ou de sauce, prenait un morceau de pain et le passait sur ses lèvres. Puis il le mangeait. C'est un geste bouleversant. Il dit tout le respect que l'on a pour une nourriture qui coûte si cher à gagner. À la fin du repas, il rassemblait les miettes avec sa main droite, les faisait glisser dans le creux de sa main gauche et les avalait. Je le revois sous l'abat-jour en verre opaque. Son geste, pauvre et beau, ressemblait à celui du prêtre qui lui aussi récupérait les infimes parcelles qui avaient pu tomber de l'hostie.

Mon père, mon beau-père n'auraient jamais tranché le pain familial sans l'avoir marqué d'une croix. En faisant cela, ils devenaient les humbles célébrants d'un acte de père : gagner la vie de la famille.

Mes parents comme mes beaux-parents, souvent, à la fin du repas cueillaient les miettes tombées d'un index mouillé de salive. Cela n'était pas absence de manière de table mais vraies manières toutes chargées de sens.

Nous aurions tous fait plus sûrement et plus tôt le rapprochement entre la table mise à la maison et l'Eucharistie si l'hostie avait eu quelque apparence de pain. Le quotidien y eût gagné en grandeur. Pour ma part, j'eusse mieux compris la messe, la communion et la notion même de nourriture de l'âme. Je n'aurais jamais non plus osé jeter de pain – ce qui m'arriva par gourmandise, car je préférais manger mon chocolat sans pain.

Lors d'une célébration orthodoxe, à l'âge adulte, je reçus du pain trempé dans du vin. Ce fut une révélation. Ce que j'avais dans la bouche, pour une fois, avait goût de nourriture. J'ai renouvelé l'expérience chez les protestants, chez les franciscains. À Sylvanès, même les dimanches ordinaires, le prêtre, avec de vrais gestes, rompt pour le partage un vrai pain. Comme Il le fit au dernier soir. Comme Il le fit à Emmaüs.

Ce beau pain de mes dimanches ressemble, rond et doré, à celui dont se nourrissent les marchands de la médina de Tanger, accroupis devant leur pauvre étalage, mais riches de ce pain chaud. Sacré et profane se répondent.

Rien de mieux pour mesurer de la Terre au Ciel le sens de ce pain demandé au Père.

Au jardin

Juin, mois du jardin déjà généreux. On mange la salade venue à travers et malgré les intempéries de mai. Quelques feuilles ont gardé la marque d'un givre tardif. On cueille des radis, des blettes aux côtes translucides comme de la porcelaine, les premières fèves dans leur velours, les pois gourmands qui gardent à leur base, en pelure de soie, les pétales de la fleur mère, les petits pois à écosser – un bol de perles vertes pour un gros tas de gousses à porter au compost dont la tiède pourriture défera les limbes en une fine poussière fertile. Juin, la lumière est encore traversée de fraîcheur matinale, d'aubes à rosée glacée, de quelques feux de cheminée. Il y a aussi le jardin d'agrément, les pavots dont je fais, comme avec les coquelicots, des poupées géantes en robes à paniers, coiffées de couronnes de tresses.

Cette année, potager et fleurs ont un autre sens. Ils brillent d'une lumière qui dépasse leurs riches dons. En mars, l'espace a été débroussaillé en

15

totalité par les travailleurs du CAT du village voisin... Lorsque j'y ai pénétré, je ne reconnaissais plus rien. Les ronces et les plantes anarchiques avaient, d'année en année, encombré les bords, recouvert les constructions de pierres qui entouraient la source – faible et si précieuse –, le long mur qui empêchait la terre de la pente d'envahir les cultures. C'étaient les ancêtres de mon époux qui avaient appareillé les pierres, sans mortier, construit dans le ruisseau une chaussée afin que le trou où puiser pour les arrosages soit plus profond. Cette murette qui suit la plus grande longueur du jardin, le ruisseau intermittent parfaitement récuré sont comme une parole émouvante, un testament des aïeux.

Les ronciers disparus, les arbres spontanés coupés, tout ce travail a été fait par des hommes doux et enfantins, mais forts et vaillants. Ils arrivaient, le matin, avec leur gentillesse et leur politesse exquises. On voyait monter la fumée des feux de déchets, bleue, si bleue dans la beauté du jour.

À onze heures, ils buvaient un peu de café, nous invitaient, heureux d'être salués et appelés par leur nom, de voir que nous nous intéressions à leur vie, au match disputé le dimanche, au village dont ils étaient originaires. Les chiens venaient à leur rencontre en frétillant de joie : « Ah ! vous nous connaissez ! » disaient-ils. Nous nous avancions pour saluer ces enfants géants, débonnaires et minutieux.

Ce beau jardin de juin enclos de grillage neuf,

nous le leur devons. Chaque fois que je descends le raidillon, chaque fois que je pose les pieds sur les marches de lauses qu'ils ont redressées et consolidées, je pense au premier jardin d'Éden, et je me répète aussi cette phrase, avec une vague honte : « Les Cananéens sont venus et nous pouvons entrer dans la Jérusalem où coulent le lait et le miel. »

Les Cananéens, mes frères pauvres en esprit du CAT. Il y a dans la clarté, sur les plates-bandes, l'image de Celui que Madeleine prit pour un jardinier.

Si tu te faisais pèlerin ?

C'est l'Année sainte. Enfin, pas tout à fait. Elle *sera* sainte si nous la sanctifions. Que faire pour cela ? Partir en pèlerinage. Il n'y a jamais eu autant de monde sur les chemins de Compostelle, à Rome, en Palestine, sur le mont Sinaï, à Bethléem. C'est la mode, elle ne date pas d'hier.

Pendant un siècle, l'Aveyron alla à Lourdes. Dans chaque famille il y a la photographie du groupe paroissial hiérarchiquement disposé sur les marches de la basilique. Ce que les gens consentaient à dépenser pour des raisons religieuses jamais n'aurait été déboursé pour un voyage d'agrément. Toutefois, outre le calvaire monté parfois à genoux, la piscine, les offices, les multiples tours effectués dans la grotte, un pour chaque mort de la famille, il y avait une part plus frivole à base de musée et de visite des grottes de Bétharram. Plus du shopping, vêtu lui aussi de religiosité. On achetait des bonbons « cailloux du Gave » à l'eau miraculeuse, des statuettes de la Vierge Marie, certaines phosphorescentes dans le noir, des bidons pour l'eau que l'on ramenait pour ses connaissances, des chapelets et des médailles dûment bénits, des plaques de marbre gravées « À la grotte bénie j'ai prié pour vous ». On avait le plaisir exceptionnel de manger et de dormir à l'hôtel, les femmes pendant quelques jours mettaient les pieds sous la table. Moyennant quoi, jusqu'au prochain pèlerinage, on était paré du côté du Ciel comme de la Terre. On justifiait la petite escapade, la main sur le cœur, les yeux baissés : « Nous étions en pèlerinage. »

Si l'on regarde bien ce que l'on nous propose depuis quelques années et, en particulier, en cet an 2000, c'est aussi du tourisme, sous le masque de la dévotion. Que l'on ait envie de rompre avec la quotidienneté de la vie, que l'on désire voir ailleurs, quoi de plus légitime ? Pourquoi ne pas dire simplement que l'on désire voyager ? Est-il besoin que l'Église se transforme en agence, qu'elle organise des croisières ? C'est aussi malsain que dangereux. Le tourisme culturel multiplie commémorations, anniversaires de naissance et de mort, au point qu'il n'y a plus de place pour la culture. Je n'ai aucune envie qu'il en soit de même pour Jésus et les saints qui l'ont aimé.

« Partir à la rencontre du Galiléen » est une imposture par rapport à celui qui nous a dit qu'il était avec nous « tous les jours jusqu'à la fin du monde ». Aller « sur les traces de la Sainte Famille pendant la fuite en Égypte » est carrément un mensonge-prétexte, et avoir son carnet de « pèlerin de Compostelle », tamponné d'étape en étape, n'est rien d'autre que la possession d'un brevet sportif. Ne confondons pas : laissons à César ce qui est à César, et le tourisme aux tour-opérateurs.

Si nous voulons aller voir Louqsor, allons-y, et si nous avons envie de nous sanctifier, les occasions sont infinies. Les pas du Galiléen mènent là où l'on n'envoie aucun touriste : en prison, à l'hôpital, sur les tas d'ordures. Il n'y souffle pas un air d'exotisme et le vent du voyage, mais on y rencontre, décoiffant, l'Esprit.

Odeurs de septembre

Lorsque les vendanges se faisaient à la main, beaucoup de petites gens du Languedoc, des gens âgés, des enfants, travaillaient près des saisonniers espagnols. Trois semaines de salaire amélioraient l'ordinaire des familles. Ma mère décida qu'elle, ma sœur et moi vendangerions. La première fois, j'avais onze ans. La propriété où nous fûmes engagées employait une centaine de personnes au ramassage du raisin. C'est assez dire que le travail n'avait rien du joyeux folklore familial que l'on s'est plu à imaginer.

Le chef de colle n'était pas particulièrement indulgent avec les enfants, au contraire. Il nous surveillait, nous appelait d'un signe, désignait du bout de la canne la grappe oubliée, les grains tombés. Il ne faut pas croire non plus que l'on aurait aidé un enfant ou une vieille femme en retard. Celui qui avait un peu de répit en profitait pour souffler. C'était chacun pour soi.

On ne peut imaginer à quel point les heures m'ont paru longues, le travail dur. Le coup de sifflet qui annonçait les pauses du petit déjeuner et du repas de midi ne venait jamais assez tôt. Ne parlons pas de celui qui annonçait la fin de la journée. Il faut dire que, frais le matin, le jour montait jusqu'au torride. Le sulfate soulevé irritait les lèvres, les yeux, la peau tendre des poignets. Les sarments giflaient et griffaient bras et mollets, nous nous blessions avec le sécateur, les guêpes nous piquaient souvent. Mais surtout, nous avions soif. Une ou deux fois le jour, les charretiers amenaient un cruchon d'eau fraîche. Nous le recevions comme un cadeau.

Je peinais. Je m'ennuyais. Malgré ma petite taille, la terre était basse. Le soir, j'étais si fatiguée que j'avais à peine le courage de souper et, le matin, à six heures, quand ma mère venait me réveiller, il me semblait impossible de pouvoir jamais me déplier. Mais j'étais contente à l'idée de ces « sous » qui permettraient de faire face aux dépenses de la rentrée.

Le corps restait longtemps marqué par la vendange : mains aux ongles cassés et noirs, bras couleur de brugnon, visage cuit, mollets très bronzés et cuisses blanches. En cours de gymnastique, les vendangeuses étaient vite repérées. C'étaient les plus pauvres. Les autres échangeaient des sourires.

Ces dix ans de vendanges m'ont fait comprendre l'imposture de ces oisifs qui parlent avec des trémolos de la noblesse ou de la beauté du travail manuel. Au grand étonnement de mes maîtres, j'ai su riposter vertement à la Marquise de Sévi-

gné, à son « Savez-vous ce que c'est que faner ?
C'est batifoler en retournant du foin dans une
prairie ». J'ai compris aussi que la photographie
du journal local montrant une jeune fille rayonnante brandissant une grappe était un mensonge.
Confusément, mais fortement, j'ai su qu'il y avait
loin de l'image au réel. Des vendanges me viennent la méfiance et le désir de percer l'émail de
tous les folklores. Lorsque l'on parle du travail
de la soie, du percement du canal du Midi, des
cathédrales, je vois, grâce à l'expérience charnelle
des vendanges, les doigts brûlés par l'eau bouil-
lante, les millions de sacs de terre portés par les
femmes du Lauragais, les ophtalmies des tailleurs de pierre.

Quelques années plus tard, j'étais jeune fille
alors, le bruit courut entre les souches que le pro-
priétaire du domaine – un noble ! – allait venir
filmer ses vendangeurs. Il vint en effet avec une
équipe de tournage. Je ne lui accordai pas un
regard. En réalité, il s'agissait du Ciné-club biter-
rois qui réalisait un film sur la vigne. Devenue
adulte, j'ai vu ces images. J'y suis presque agres-
sive, résolument courbée vers le raisin. C'est ainsi
que je suis restée devant toute représentation
idyllique du travail des hommes.

Sanctus

Le village se nomme Blanc-sur-Sanctus. Construit sur un éperon rocheux, il domine vertigineusement la vallée de ce petit torrent de montagne : le Sanctus. Rien de plat. Des pentes et quelques champs abrupts qui donnèrent de maigres récoltes de légumineuses et de céréales. D'immenses forêts de chênes et de châtaigniers.

Malgré la majesté des ruines d'un ancien château devenu église, malgré le paysage déroulé sous les yeux et le ciel des hauteurs qui le coiffe, Blanc commença à se vider. En un siècle, ce qui était une vivante unité – église, presbytère, école, foirail, épicerie, abreuvoir et four à pain – s'asphyxia peu à peu. Dans les années soixante, les deux derniers habitants quittèrent le lieu. Blanc était mort, livré à la végétation folle et aux pilleurs d'épaves.

Nous allions souvent jusqu'à ce nid d'aigle avec les enfants ou des invités, car le grand-père de mon mari y était né et y avait vécu jusqu'à ce qu'il émigre vers des terres moins solitaires.

C'était une promenade un peu triste dans la désolation des choses, à avancer à travers les ronciers, à regarder la lumière sur le velours des feuillages, la neige sur ce qu'il restait des maisons. Mais c'était beau aussi, ce vaisseau de l'église à la pointe du roc, même si la cloche ne sonnait plus, même si nulle fumée ne sortait des cheminées.

Et voilà que naquit une association de « sauvegarde et réhabilitation ». À force de travail bénévole et joyeux, les échafaudages sont aujourd'hui installés contre l'église. La restauration du clocher est commencée. La cloche, dès l'été prochain – elle porte, estampés dans le bronze, un saint Jean-Baptiste et une Vierge à l'Enfant –, sonnera à nouveau, pour la prière et la mémoire.

L'année dernière pour Toussaint, nous nous réunîmes au bout du promontoire. Il y avait là d'anciens habitants du village. Depuis le belvédère une femme nous montra l'itinéraire qu'elle devait accomplir chaque jour pour se rendre à l'école : descendre le flanc escarpé de la montagne voisine, arriver jusqu'au torrent, remonter comme on escalade jusqu'à Blanc. Et refaire, le soir, le même chemin.

Nous descendîmes jusqu'au cimetière. Il avait été nettoyé et fleuri. Sous l'aigre ciel de novembre, près du givre qui n'avait pas fondu, nous parlions doucement. Beaucoup évoquaient certains des morts enterrés ici, tous dans la terre. Un homme demanda que soit lu un texte qu'il avait écrit. Il ne savait ni n'osait le faire. Des noms défilaient. Le grand lévrier blanc qui nous accompagnait se coucha alors sur une tombe anonyme.

La prière vint tout naturellement. Un ancien chantre de village entonna le *Salve Regina* d'autrefois, celui peut-être des moines d'Estaing, qui s'était répandu dans le petit peuple et avait été transmis pendant des siècles. Ce chant joue sur trois notes. Il est imparable et simple comme la beauté. La voix sonore de l'homme le lançait vers le ciel depuis cette terre pétrie de morts. La musique pauvre et parfaite était en accord avec la pauvreté et la grandeur du lieu. Il était évident pour nous tous que rien ne meurt, ni les villages abolis, ni les vieux pommiers, ni l'Histoire, ni les âmes qui traversent le temps par des chemins invisibles.

Le mois du blanc

Lorsque les dorures et les vêtements pailletés ont disparu des vitrines, en janvier, les magasins annoncent le blanc. Rien de plus joli, tendre et moelleux que les expositions de linge de maison, avec leurs décors de draps de lit, de nappes, de peignoirs de bain et de lingerie. C'est l'exact contraire de ce qui, un mois plus tôt, projetait les gens dans la fête : c'est l'intimité opposée à l'extérieur noir et glacé. Pourquoi le blanc à ce moment-là ? On pourrait y trouver des raisons économiques. Janvier est un mois creux pour le commerce. Tout le monde a dépensé trop et futilement. Toutefois, il doit bien rester quelque argent pour un achat cette fois judicieux. Pour renouveler son bien de linge, la femme veut bien puiser dans les réserves. Car le mois du blanc s'adresse à elle. C'est geste de femme de mettre en piles serviettes de toilette, torchons et oreillers, de jouir de leur ordre, de glisser dans l'armoire la lavande, l'objet précieux, l'objet secret, et de les donner à garder à ce qui symbolise la maison.

Elle éprouve le lisse d'un fil de lin du plat de la main, elle prend une toile entre le pouce et l'index pour juger de sa qualité. Le commerce pense à juste titre qu'elle dépensera pour cela alors qu'elle ne l'eût pas fait pour autre chose.

Mais l'apparition en janvier du linge de maison doit plus à la longueur des nuits qu'à des calculs marchands. En faisant fuir l'ombre à coups de blancheur, en assurant le triomphe du dedans sur le dehors, le blanc s'arrête sur le désir, le soir, de rejoindre vite les siens, de cultiver un chaud silence, de glisser, étroitement rapprochés, sur la dernière pente du jour.

On peut trouver toujours plus loin encore les raisons du succès de ce janvier du blanc. Le drap est intact comme la page encore non écrite de l'an. Ce qui y sera marqué dépend de nous. Nous tâcherons d'utiliser au mieux la virginité des jours. Car on n'est vierge que pour un devenir, une aventure humaine, un fruit. Il ne s'agit pas de laisser rancir la virginité, elle deviendrait stérile.

Les jours, comme le drap, sont faits pour porter les marques de la vie tout entière : celles de la naissance, de l'amour, de la mort. J'aime ce que racontent les reprises, les coutures, les taches indélébiles, les usures et les broderies du vieux linge qui me vient des miens.

Certes, on ne constitue plus une dot de pièces de linge, certes, le linge n'est plus uniformément blanc. Du bleu doux au rose floral, au jaune thé, aux imprimés multicolores, draps et nappes suivent la mode. Ne parlons pas de la lingerie. Personne ne songerait à offrir à une jeune fille une demi-douzaine de soutiens-gorge. Tout se démode, mais je reste fidèle au blanc, car il n'est pas une couleur, il est une idée de lumière et, comme tel, indémodable. Il accompagne les rites les plus sacrés : la fête qui rassemble, le lit nuptial, la joie du baptême. Y aurait-il une mode pour l'amour ?

Janvier nous donnera peut-être une neige légère en cadeau. Blanche, comme ce drap auquel je reste fidèle, celui où l'on plie les défunts, robe de lumière pour l'éternité.

L'appel de la prière

Dans le nord de l'Hérault, à la limite de l'Avey-ron, sur des terres pauvres et isolées, depuis plus de trente ans, l'Arche s'est posée, loin des tempê-tes du monde. L'Arche des non-violents, de Lanza del Vasto, celle qui tente de refaire le monde par des actes, par une vie de travail et de non-violence. À l'heure actuelle, ils sont une quarantaine à habiter ensemble, célibataires et couples avec enfants. Ils cultivent la terre pour leur subsistance, tissent, filent, font le pain. Tout le monde travaille de ses mains. Les bâtiments, qui étaient en ruine au moment de l'achat, les logements répartis en fonction des besoins des membres de la communauté, sont beaux par l'au-thenticité des matériaux et le soin du travail arti-sanal.

Toutes les heures une cloche sonne. Quelle que soit l'activité à laquelle on se donne – au pétrin, à la fromagerie, aux champs, au jardin, aux métiers –, le son de la cloche annonce le « rap-pel ». Les gens de l'Arche se recueillent, arrêtent les gestes du travail. Une minute, seulement une minute. Il ne convient pas de s'attarder plus longuement. Il faut alors regarder en soi. Même s'il est bref, le rappel est une méditation. La tâche à laquelle je suis occupé est-elle bien accomplie ? Quelles sont mes pensées, quels sont mes sentiments ? N'ai-je pas quelque ressentiment contre mon frère ? Il y a peut-être place en cette minute pour un *Notre Père*. Et le travail reprend.

Il y a peu de temps, j'ai passé une journée à l'Arche. J'ai partagé leur repas végétarien – accompagné de leur pain qui est à lui seul une merveille pour l'œil et l'odorat, un viatique pour le corps et le symbole même du travail. Ce rappel qui a sonné, ce silence soudain posé comme un oiseau, ces gestes suspendus étaient les signes extérieurs de la plus belle des prières. Elle ne demande pas de grâces ou de miracles venus d'en haut, elle est une interrogation du croyant sur ses actes aujourd'hui et maintenant. Car le vrai moment de la prière se situe « après », quand celui qui a prié retrouve sa place dans le monde. À l'opposé, j'ai beaucoup de tendresse pour la prière répétitive. Pendant longtemps je n'eus que mépris pour elle. Je ne me privais pas de sourire en voyant les petites vieilles de la paroisse dire le chapelet pendant la messe ou ma grand-mère assise sur sa chaise, en train de remuer les lèvres comme un lapin qui broute. Je me croyais vraiment très supérieure à ces pratiques.

C'est pourtant à l'humilité que renvoie la formule. Je mis longtemps à le comprendre. Y avoir recours, c'est avouer que tout est trop compliqué, même la messe et ses incompréhensibles mystères, c'est se reconnaître petit. Mais, si l'on réfléchit bien, tout n'est-il pas dit avec un *Notre Père* et un *Je vous salue Marie* ?

Ce Dieu qu'il convient désormais d'appeler Père, l'heure de notre mort, notre condition d'imperfection, la nécessité du pardon et ce qui doit nous occuper : « chercher le Royaume de Dieu et sa justice ». Le reste nous sera donné par surcroît.

Le « rappel » des gens de l'Arche comme les prières courtes et denses se rejoignent car l'un et les autres invitent à tailler dans l'accessoire pour ne conserver que l'essentiel.

Des cendres, des pieds et des œufs

C'est aujourd'hui Mardi gras. Il ne sera pour moi ni gras ni carnavalesque, non que cela ne me plaise, simplement je vis loin des endroits où ces réjouissances ont lieu.

Il commence donc ce temps qui enchâsse la plus étonnante semaine de l'an : la Semaine sainte que j'aime plutôt nommer Semaine de chair et d'esprit. Tout d'elle m'est ravissement et grave liesse. Table du Jeudi, Ténèbres et cette Genèse à la pointe du jour qui célèbre la beauté du monde.

Cette année, je vais refaire des œufs. Voilà longtemps que je n'ai pas vidé des œufs de poule et leur contenu, pratiqué l'omelette et le soufflé pour obtenir des coquilles le moins trouées possible, pour ensuite les décorer et enfin les offrir. C'est si facile. Quelques crayons feutres, du vernis à ongles incolore, de la minutie. Il y en aura pour tous ceux que j'aime et chacun sera porteur d'une phrase. Il y aura l'œuf du pauvre, pour le visiteur inattendu.

Je relis l'Évangile de Jean. Il est troublant d'y lire que le grand moment, l'« heure de Jésus », n'est pas la Cène, que le dernier message est le lavement des pieds. Jésus ceint le tablier des serviteurs et s'agenouille pour cet humble service à « ceux qu'il aima jusqu'à la fin ».

Lorsque vint le moment où s'annonça la première mort de ma vie de femme, celle de ma grand-tante que j'assistai bien avant sa dernière heure et jusqu'à son ensevelissement, pendant tous ces jours où il fallait s'occuper physiquement d'elle – que je n'aimais pas particulièrement –, je fus bien surprise de sentir naître en moi l'amour comme si les gestes nécessaires – peigner, laver, nourrir, essuyer, câliner – l'avaient, jour après jour, engendré, et qu'il m'ait été donné « par surcroît ». C'était émerveillant et si doux. Jean a raison : le grand moment est celui où l'eau nettoie, où le linge éponge cette part la plus misérable de l'homme, les pieds.

Dans le film *Rue Case-Nègres*, le petit-fils fait lui-même la toilette mortuaire de sa grand-mère. Il s'attarde aux pieds. Par toutes leurs marques, crevasses aux talons, plante épaisse, orteils déformés, boue, ils disaient le travail et tous les pas faits pour lui.

Lors de l'extrême-onction de ma mère, c'est l'huile sur ses pieds qui m'a le plus émue. Car chaque pas nous arrache au sol, chaque pas nous ramène à la terre, notre origine et notre fin. Et les pieds racontent le chemin parcouru.

C'est à Ensérune que j'ai découvert, dans les

urnes funéraires, les débris de l'œuf posé sur les cendres, contre la mort, en signe d'éternité.

Quarante jours à peindre des œufs et à laver des pieds est un beau programme de carême. Bonne occasion dans un cas comme dans l'autre de ne point rester les yeux fixés au ciel. J'irai des couleurs chatoyantes, des mots choisis à ce qui touche au sol et rappelle que nous sommes de la terre et que nous devons nous occuper des choses terrestres.

Le festin du Royaume

Les offices du Jeudi saint commencent dans l'ombre violette des ténèbres. L'angoisse de la « fosse qui happe », la douleur de la trahison, la solitude « gorge brûlante et yeux consumés » sont présentes dans les nocturnes comme est présent l'appel désespéré à Dieu, abri et rempart.

Mais, dès les laudes, apparaît une lumière, encore tremblante, qui ira en grandissant jusqu'à l'un des plus beaux moments de la Semaine sainte : la Cène, office du soir, où nous sommes invités. Non seulement invités, mais honorés, lavés, traités comme des hôtes de choix, car le maître s'est fait serviteur. S'il y a un jour important dans l'année liturgique, c'est bien celui où s'inverse la loi ancienne. Ce ne sont plus les disciples qui s'agenouillent devant le Christ, c'est lui qui, humblement, amoureusement, au-delà de toute hiérarchie, prévient les désirs, anticipe les besoins. Il ne s'agit plus désormais de régner mais d'aimer, donc de servir. Le Royaume annoncé est celui où le Roi ceint le tablier de domestique.

Une table est dressée dans la nef de l'église, immense, fleurie, lumineuse dans le crépuscule. Elle est pour tous. Cette Cène est la plus belle leçon du Christ et ce n'est pas un hasard s'il la donne au moment d'entrer seul et abandonné dans la Passion. « Que ceux qui ont des oreilles écoutent : Je vous donne un commandement nouveau » ; « Que ceux qui ont des yeux voient », tel est l'exemple qu'il leur laissa : que le nez respire les premières verdures printanières ; que la bouche mange et boive. Quand, dans le silence, l'on dépouillera les autels, quand l'on pliera la nappe, c'est la nouvelle loi que l'on méditera.

À partir du Jeudi saint, toute table – celle du quotidien, celle de la fête, de la famille ou de l'amitié – est sacrée. Comment oublier le partage, la part du pauvre si joliment présente dans la galette des rois mais qui reste le plus souvent totalement abstraite ? Qui pense à rendre cette part effective et comment en faire un acte et pas seulement une idée ? Comment oublier l'humble service ?

Se faire serviteur à ces moments de la journée où l'on s'attable répugne à beaucoup. On voudrait qu'il n'y ait plus que des maîtres. La femme, autrefois, avait automatiquement la charge de nourrir et les féministes n'ont pas manqué de s'insurger. Plats préparés, table mise avec soin, surveillance du service, fourneaux, apparaissent comme des signes d'esclavage. Et s'il s'agissait plutôt de signes de royauté ?

Lorsque j'invite ceux que j'aime, je n'ai aucune

envie de m'asseoir. J'ai joie à faire la table belle et bonne. C'est dimanche, ils sont partis pour une promenade, ils rentrent, la nappe est blanche, la cuisine sent bon, aujourd'hui ils se reposeront, ils oublieront pendant quelques heures que ce plein de la vie où ils sont pèse lourd. Esclavage ? Non, douce contrainte de l'amour. Celle-là même du grave repas du Jeudi saint. Il n'est pas sacrilège de comparer. Le quotidien éclaire la Parole autant que la Parole éclaire le quotidien.

Que notre table de Pâques soit simple, soignée, aimante et fleurie. Qu'il y ait des œufs, de l'agneau, des herbes sauvages – orties, pissenlits, bryone, bourrache, laitues des champs – faisant un lit vert à la viande rôtie. Ainsi mangea Jésus pour son dernier repas.

Joie de mai

Tout, dans mai, a ravi mon enfance. Je ne vous parlerai pas des émotions mystiques de mai ni de grandes envolées de l'âme, puisque je ne les ai pas éprouvées. Je fus baignée dans des joies terrestres où se mêlent le jeu pur au sens enfantin du terme, un parfum de nouveauté et de liberté, l'éclatement somptueux du printemps, la rupture avec la monotonie des jours.

Le soir, après le repas, nous étions conviés à suivre l'office du « mois de Marie » à la paroisse. Conviés sans être obligés. Mai était le début des jeux du soir sur le trottoir dès que le temps était doux, mais je ne les regrettais pas : il y aurait tout l'été pour en profiter à satiété.

Ma mère m'avait fait souper, toute seule, sur un coin de table, avant tout le monde. Comme son fricot n'était pas tout à fait prêt, elle m'improvisait un repas. Une omelette, un œuf frit, un bol de « petites pâtes » qui avait l'air d'un repas de bébé, ou alors c'était un casse-croûte avec un peu de charcuterie qui avait tout du pique-nique. Puis

je partais, légère, car nous avions enlevé les che-
mises américaines en laine tricotées à la maison.
Je prenais le petit étui de cuir où était gardé le
chapelet. Il tenait dans le creux de la main et je
le percevais comme un jouet un peu particulier,
avec son allure de sac à main en miniature. Traverser le quartier dans les odeurs et les bruits des
soupers qui se préparaient nous émoustillait par
son côté inhabituel. Le plaisir se renouvelait jusqu'à la fin du mois, ce qui lui ôtait tout arrière-
goût de regret.

Nous trouvions l'église ornée des fleurs des jardins, lys, seringas et roses. Les gens avaient à
cœur de donner des fleurs blanches, et la statue
de Marie, à l'honneur dans le chœur, devenait
une sorte de jeune fille parée pour la noce. Bien
plus tard, je devais lire chez le poète René Nelli
que Marie était « charnelle, tendrement, en son
âge de rose, toute en lèvres de fleurs » et
comprendre pourquoi la poésie du mois de Marie
touchait si vivement le sens et le cœur. Mais je ne
savais rien alors de la poésie. Je la vivais sans la
connaître. Les odeurs fortes et sucrées des fleurs,
les odeurs des cierges, le soleil en train de choir
lentement, la torpeur qui saisissait dans la récita-
tion monotone du chapelet participaient aussi de
la joie de mai.

Faisais-je une grande différence entre le plaisir
du mois de Marie et tous les autres offerts par
l'entrée dans la belle saison ? S'alléger de la chemise de laine, manger les pistils sucrés de la fleur
d'acacia, obtenir de ma mère qu'elle m'en fasse

des beignets, ouvrir en grand les fenêtres et respirer haut, entendre toutes les rumeurs de la rue, porter orgueilleusement un bouquet à la maîtresse, laisser les bras nus dans la cour de récréation ou, pendant la promenade du jeudi, chercher pour la première fois de l'année l'ombre des amandiers ou des pins, remiser la corde à sauter et ressortir les osselets, tout cela était la joie de mai, une grosse tresse succulente à laquelle se mêlait le fil ténu mais présent de la psalmodie du soir où, dans l'éternité de l'enfance, je n'avais pas isolé encore, ni compris, ni touché du doigt, « à l'heure de notre mort ».

Splendeur de juin

Avril et même mai, printaniers pourtant, ont toutes les aigreurs, les sautes d'humeur, les rires et les élans de l'adolescence. Juin, c'est la jeunesse assagie, forte de promesses, paisible dans la lumière.

La huppe, petite reine couronnée revenue d'Afrique, traverse mon chemin, son diadème fauve, blanc et noir bien dressé. Les lièvres s'adonnent à leur courtisement amoureux. Dans le feuillage du cerisier, les fruits brillent et, lorsqu'on s'approche de l'arbre, jaillit le loriot tout en or.

Jeux de juin : pendant d'oreilles de cerises, frais contre le cou, guirlandes de pâquerettes, galons d'herbe-qui-accroche, roulades amorties dans l'herbe.

Comment vivre sans louer ? Comment ne pas s'émerveiller des fenaisons, des andains qui se veloutent au crépuscule long ?

La ville aussi est pleine du chant de juin. Quand j'étais encore citadine, j'ai joui de la pro-

gression des feuillages, des remue-ménage d'oiseaux affairés à nourrir leurs jeunes. Tourterelles
roucoulantes, rouges-queues infatigables, merles,
tounoiements des martinets étaient la signature
de juin.

Béni soit ce mois qui invite à sortir de chez soi,
à s'étonner sur le seuil, à dresser des tables
dehors, au soleil.

Autrefois, on promenait Dieu hors de l'église,
en grande pompe, histoire de lui faire prendre
l'air, de lui montrer la beauté du haut printemps.
En son honneur, les draps passaient des armoires
à la rue. Ils étaient étalés sur les murs et ornés de
verdure.

C'était la Fête-Dieu. Des jonchées marquaient
au sol l'itinéraire de la procession. Un vrai sacri-
fice de fleurs. J'ai suivi le cortège une bannette de
pétales pendue au cou, puis j'y fus en costume
de Croisée de l'Hostie, enfin en uniforme d'Âme
Vaillante.

Je me suis laissé porter par la beauté pour une
fois sortie de la pénombre de la basilique. L'en-
cens se répandait dans la rue et venait rejoindre
l'odeur fraîche des feuillages, du rôti de fête, la
blancheur éblouissante des draps. Dieu rencon-
trait sa propre création et la redécouvrait dans
nos offrandes.

Si l'on racontait le mois de juin à un être ayant
vécu sous terre, il dirait : Ce n'est qu'un rêve,
c'est trop beau pour être vrai.

Ainsi en est-il lorsque nous parlons de l'âme,
du Père et de l'Amour qui nous attend de l'autre

côté de la mort. On nous objecte que c'est trop beau et on ajoute que c'est bien dommage.

Mais, qui, s'il ne l'avait jamais vue, s'il devait s'en remettre à un témoin, pourrait croire à la splendeur de juin ?

Les mois de toutes les lumières

Si juillet voit l'épanouissement de la lumière sur une végétation encore touffue, herbeuse, fleurie, août commence sur un désert brûlant, des herbes calcinées, des chaumes secs à odeur d'anis, des labours qui taillent dans la terre de vastes espaces nus. Août s'achèvera dans d'éclatants orages. Du moins en est-il ainsi dans ce territoire autour de moi que je tiens sous le regard dès que le seuil est franchi.

Il y a dans ces deux mois des fêtes religieuses qui ressemblent à la saison. Ce n'est pas le moindre charme de la liturgie que de s'être coulée dans les rythmes terrestres et solaires, qu'il s'agisse des Quatre Temps, des anciennes Rogations, de Pâques, liée au calendrier lunaire[1], de la Saint-Jean ou de quelques grands saints de l'été, êtres de lumière.

Le 22 juillet, c'est Madeleine. Le grand moment

---

1. Pâques est fixée au dimanche qui suit la pleine lune de l'équinoxe de printemps.

de sa vie est l'aube du jour de la Résurrection. C'est un matin plus beau que le tout premier matin du monde, celui de la Création. Plus beau, ô combien ! Les choses ne sauraient être les mêmes avant et après le passage de l'Époux. Madeleine est dans une tristesse infinie jusqu'à ce qu'apparaisse ce jardinier évanescent presque aussi translucide que la buée de chaleur qui monte avec le jour. Elle lui tend les mains, c'est probable, puisqu'il recommande : « Ne me touche pas. » C'est peut-être la parole la plus émouvante de Jésus, celle qui dit combien il a aimé être homme, combien il a trouvé de douceur à notre vie, à nos attachements. Il est mort, il est sorti de la mort et va s'attarder près des hommes. « Ne me touche pas parce que je ne suis pas encore monté vers le Père. » Dans l'espace entre la main tendue de Madeleine et celle de son Seigneur, il y a le cosmos et l'infini du temps. Si cette main le touchait, il serait peut-être retenu, un moment de trop, par les tendresses de la terre. Que j'aime cette fragilité de celui qui fut homme et n'en perd pas le souvenir.

Il n'y a que Jean pour rapporter cela dans son Évangile car il était le seul à le comprendre : il savait ce qu'était l'Amour ardent.

Fêté le 10 août, Laurent est lui aussi un saint solaire, consumé littéralement au vrai feu, celui qui brûle la chair. Laurent est drôle et joyeux. Son humour inversait le monde en présentant les pauvres et les éclopés comme les richesses de l'Église, en demandant qu'on le retourne comme un bifteck.

Le 11 août s'avance la rayonnante Claire, « petite plante spirituelle » de François. Nue dans ses cheveux dénoués, avant de revêtir la bure. Elle fut lumière dans la nuit, à la Portioncule, devant les premiers franciscains, hirsutes et heureux.

Ils étaient habités de jeunesse et de joyeux enthousiasmes, préservés de tous les périls par le bouclier de Dieu. En ces mois lumineux, aimons ces grands saints éblouissants, neige et soleil. Déjà et avant l'heure, ils nous apparaissent transfigurés.

Où irons-nous cet été ?

Que ferons-nous de notre été ? Où ? Quoi ?
Avec qui ? Qu'inventer de rare qui marque les
vacances ?

Il y a longtemps qu'avec mon époux nous
avons résolu la question. Depuis notre voyage de
noces. Ce ne fut ni Venise ni les îles Sous-le-Vent.
Nous passâmes un mois dans une maison perdue
dans les collines, solitaire, inconfortable, sans
route d'accès. Chaque année, nous sommes revenus dans ces terres peu touristiques parce que
agricoles. Et, désormais, nous y vivons. Dans un
espace réduit et dans la profondeur du temps
– sans limites, lui –, nous allons. Nous passons
des dolmens aux granges à arcs diaphragmes,
d'une chapelle romane à des murettes de pierres
sèches retenant la terre des pentes, d'un conte
populaire à une mélodie de chantre, du silence
au bruit des tracteurs, du cimetière catholique au
cimetière protestant par un chemin étroit bordé
de hauts murs. Quel symbole cette gorge, passage à travers l'Histoire ! Et puis il y a les êtres.

Beaucoup de solitaires, beaucoup de secrets
– plus ici qu'ailleurs ? Des hommes et des femmes meurtris mais adoucis par les choses de la
vie. Des trésors sous le silence. Des sources prêtes
à jaillir au moindre geste du sourcier.

Pourquoi ne pas passer l'été là où vous vivez
et où les occupations du quotidien ont occulté ce
qui n'apparaît que lorsqu'on se pose ? Il est bien
rare que l'on connaisse les dessous et les richesses
d'une ville – surtout si elle est grande. Et la campagne autour d'une cité moyenne, voire d'un village, est souvent négligée au profit d'espaces
lointains. Faire une fête du décor quotidien, quel
programme de vacances ! Tout devient accueil-
lant, détendu et s'offre enfin.

Où aller, sinon là où l'on est et où il reste à
aller, vraiment ?

J'ai beaucoup appris ici où coulent, roses, les
troupeaux de brebis, où l'été est lourd de travail
– fenaisons, moissons, traite jusqu'à la fin de juillet, labours dès que l'herbe est rentrée et les
emblavures fauchées. L'été pèse mais je goûte
matins et crépuscules, orages sur la terre assoiffée, panier du jardin, tables familiales ou amicales, face-à-face avec soi-même.

Et que d'endroits encore inexplorés, que de
chroniques de vie ! Des jours ardents, à la fois
vides et intenses. J'écoute et j'entends ce qui est
inaudible dans le bruit du monde, paroles échappées à ceux que je côtoie, événements de la pla-
nète venus par la radio sur la voie des airs.

Au moment où s'approche le sommeil, il m'ar-

rive souvent de retenir la conscience. Je me dis :
« Savoure, loue, sois tout entière présente, sans
réserve à ce qui est là, jusqu'aux tremblements,
jusqu'aux larmes, là où monte un appel vers le
Père, balbutiement de prière. »

Parfums de rentrée

Maintenant c'est au cœur de la canicule d'août que viennent nous chercher les crayons de couleurs, les cartables à dos – c'est le retour des anciennes gibecières –, les vêtements rose indien ou vert fluo qui font semblant de ressembler à des bonbons. Avant l'heure sonnée par la température, ils annoncent la rentrée des classes. Et plein d'images remuent en nous – cours de récréation, salles de classe, maisons du soir et leurs lampes. Tant de choses si désuètes et pour toujours privilégiées parce qu'elles appartiennent au temps d'enfance et de jeunesse. C'est tendre et cuisant, c'est de la nostalgie.

Est-elle de mise ? Non. Car nous avons, bien qu'adultes, à rentrer nous aussi. Aussi bien que l'année civile, l'école continue à régler le calendrier, le rythme de la semaine et les moments du jour. Après la pause, l'évasion, l'ailleurs ou le « rien à faire », il nous faut nous aussi nous remettre au travail, établir notre emploi du temps, choisir les livres, les loisirs, les engagements. Et s'y tenir. Rentrer, c'est recommencer. Souvenons-nous : étions-nous si mécontents que cela de nous remettre au travail devant du neuf ? De nouveaux maîtres, de nouveaux livres, des carnets de notes encore vierges. Nous prenions mille résolutions. J'aimais, je crois, retrouver un monde en place, bien quadrillé, plein de devoirs mais aussi de délices. C'est cela, rentrer. Et c'est encore vrai quelque âge que l'on ait. Il y a toujours des heures et des jours. Il y a toujours une maison dont l'âme et non les murs est à créer.

D'abord la liste. L'établir, pour soi et les siens. Puis trancher. Tout le monde semble d'accord sur le fait que le bonheur n'est pas dans l'accumulation mais joue dans l'impalpable. Répétons-nous donc que rien ne remplace – rien – notre active et aimante présence auprès des choses. Donc trancher. Ensuite l'emploi du temps. Avant de regarder celui des écoliers, établissons le nôtre. Le vrai, celui qu'honnêtement nous vivons. Mettons-le noir sur blanc. Et voilà, sous notre regard, nos insuffisances, notre égoïsme, notre paresse. Où est la place du silence, celle de la prière ou de la lecture ? Où est le service d'autrui ? Certains se plaignent : « Mon enfant ne lit pas, mon enfant ne prie pas. Il est agité. Il regarde sans arrêt la télévision. » Et nous ? Nous voient-ils heureux parce que nous avons lu un de ces livres qui donnent à penser, à aimer ? Nous voient-ils heureux parce que nous sommes allés à une liturgie ? Heureux pour une chose vue, un être rencontré ? Sommes-nous nous-mêmes nourris d'Esprit et pas seulement de pain ? Pour être des passeurs de flamme, encore faudrait-il la posséder.

Aussi ne faut-il rien négliger de ce qui l'alimente ou la fait naître. Voir et poser dans nos vies ce qui est sans prix, je veux dire sans coût. Ce bonheur de revivre avec des enfants les leçons du soir, leur silence plein de murmures. Décider qu'il y aura un ou des soirs sans télévision – et pourquoi pas, alors, une balade dans le quartier nocturne. Honorer une image pieuse ou une statuette d'un lampion allumé. Lire un passage du Nouveau Testament. Quelques secondes de lumière à l'orée de la nuit.

Réintroduire le *Benedicite*. Inviter autour d'un plat modeste. Manger sur l'herbe. Aimer les temps et la nature de septembre, aigres et somptueux. Écouter et regarder le monde.

Derrière les jolis cartables, rentrons hardiment. Prenons ce cahier neuf, calligraphions notre nom et commençons : septembre. La suite viendra. Elle sera ce que nous en ferons.

Saynète de rue

Lire la ville et lire les autres, vaste et enrichissant programme. Peut-être faut-il dire apprendre à lire ces traces minuscules que ne manque pas de laisser la vie autour de nous.

Regarder les gens droit dans... les pieds. C'est là que se voient l'âge, la pauvreté, la coquetterie, l'agilité ou la difficulté d'avancer. La minceur ou le maquillage peuvent tricher, mais non les vingt-sept os de chaque pied et les cors, les oignons ou les orteils en marteau. D'autres fois, sur les trottoirs, des saynètes presque muettes en disent plus long que des informations télévisées.

Un matin, sur l'arrière de Monoprix où le magasin dépose ses conteneurs d'ordures, il y avait un homme et une femme en train de les fouiller méthodiquement. Elle, l'air d'un oiseau, grimpée sur une caisse, toute sombre, courbée vers l'intérieur de la poubelle, récupérait essentiellement des fruits et des légumes, indifférente aux gens qui passaient. Pauvre, bien sûr, mais pas indigente. Son petit ménage devait marcher droit car l'usure des poches et du bas des manches de son gilet de jersey était masquée d'un point festonné. Elle était penchée vers le conteneur comme une laveuse de lessive. Elle triait et engrangeait, munie d'un crochet de fer. Elle remplissait un, puis un autre, des sacs de plastique qu'elle portait et, à mesure, les passait à l'homme.

Il se contentait de recevoir ce qu'elle lui tendait. Parfois elle faisait un commentaire. « Il est intact », dit-elle d'un brugnon. Elle fit voir un poireau entier : « Il est impeccable. » Les gens passaient sur le trottoir, la porte automatique de Monoprix s'ouvrait et se fermait. Peu s'intéressaient à eux. Seule une Maghrébine dans sa gandoura de satin rose s'arrêta puis reprit sa marche mais se retourna plusieurs fois. La petite vieille dame, fourmi précise et organisée, avait la goutte au nez. On la voyait briller dans le matin lumineux. Une salade, dans le sac. Une branche de céleri, dans le sac. Une pomme, un avocat, dans le sac. Quand elle eut fini, elle remit dans la poubelle quelques saletés échappées lors de sa fouille, ferma bien comme il faut le couvercle, reposa la caisse sur le tas de cartons installé le long du mur.

Elle était tordue mais rose. Toute proprette et ordonnée. C'est peut-être cela qui était le plus frappant : son petit chignon et ce soin de tout remettre en ordre. Avec l'homme, ils se sont éloignés, se sont fondus aux autres sur le trottoir, redevenus des passants. Un peu plus loin la buraliste avait sorti les couvertures-accroches de quelques magazines à sensation. Le concert de Michael Jackson était annoncé. Et son prix : vingt millions de francs de cachet, vingt millions de francs de frais d'organisation, vingt-sept semi-remorques de matériel. Sur le trottoir du matin se rencontraient sans se voir, mais présents au même instant dans la marche du monde, ceux qui venaient de faire leur marché dans le conteneur et le célèbre Noir décoloré qui gagnait en un soir de quoi nourrir plusieurs mois un village d'un millier d'habitants. C'est cela l'espace public, un lieu où le monde se manifeste.

Mes frères ?

Inutile de chercher si la fraternité tient à la race, à la nation, au pays ou à la culture. Tout homme en face de moi est mon frère. Et j'ai devoir d'amour et de service. Quel programme et quelle montagne ! Serait-il plus facile de n'aimer que ses frères selon la chair ? Rien de moins sûr. Regardez le frère du fils prodigue. Le fils infidèle a touché sa part d'héritage, il revient, et le père dilapide le bien commun pour manifester sa joie. Est-il content, ce frère ? Il crève de jalousie. Nous connaissons bien, tous, des familles qui se sont déchirées lors des héritages. Chacun, dans le conflit, parlait de justice.

Et le frère du village, du quartier, de la chorale, de l'association culturelle ? Que d'ouvriers de la onzième heure ! Voilà qu'on fête le nouveau venu. Personne n'est satisfait de cela. Il faut beaucoup d'indulgence souriante, de tolérance volontariste pour vivre en confiance et joie avec ceux que nous côtoyons au quotidien. Comme il pèse ce frère de tous les jours et que l'on a du mal à franchir l'épaisseur qui souvent dissimule l'étincelle, la braise invisible, le souffle auquel nous affirmons croire.

Finalement, il est plus facile d'aimer de loin un frère abstrait. Des photographies, un reportage, et nous sommes émus. Dans l'instant, on donnerait sa chemise, on fait un chèque.

Nous préférons les spasmes aux efforts réguliers. Tel se battra pour le Rwanda, qui ne voit pas la misère à sa porte. Tel a suivi tous les offices de la Semaine sainte, a chanté de toute sa foi, qui rechigne à la messe du dimanche ou à s'investir dans sa paroisse. Nous aimons le feu flambant et la fête. Travailler dans le pas à pas des jours n'a rien d'exaltant. C'est pourtant là qu'il faut chercher ses frères, au centre de cette pâte gigantesque et molle dont il faudrait bien être le levain, depuis cette terre aride qui a besoin de sel.

Et malgré tout, avec ces frères récalcitrants ou apathiques – ne le sommes-nous pas nous-mêmes ? –, on se rend vite compte qu'un petit effort apporte un grand fruit. Il suffit d'essayer, c'est presque magique.

Dans la vie familiale et collective, cette collectivité imposée par le travail et les proximités, la seule volonté d'écouter les autres, de se demander si l'on n'est pas passé à côté de leur part de lumière, ce seul désir change la donne, renouvelle les rapports.

Il ne faut pas se cacher, certes, qu'un sourire, une parole aimable ne règlent pas tout. Le chemin est long vers la fraternité. Mais nous sommes prévenus : soixante-dix-sept fois sept fois.

Pour faire patienter, il reste ce que l'on reçoit de chaleureux et de gratuit des autres. Pas toujours mérité, donné en cadeau.

Michel est venu sortir le chien en notre absence, Albert, voyant mon époux s'échiner à fendre le bois, fera le travail avec sa machine. Anne-Marie est passée à l'improviste avec son beau sourire, Paulette a porté des violettes et des pivoines de son jardin, prêtes à planter. M. Roques a pour moi un panier d'osier tressé, il me suffit d'aller le chercher. On s'étonne. Pourtant, c'était promis : « Vous recevrez une mesure pleine, tassée, débordante. »

La veillée de toutes les âmes

31 octobre : vigile de Toussaint. Veille de tous les saints, de tous ceux qui ont été appelés à la Vie, à l'Esprit, à l'Amour et sont maintenant au-delà de la mort dans la main du Père. C'est ce jour-là que nous arrive, par la voie de McDonald's, Halloween, dont le nom signifie « veille de toutes les âmes », c'est-à-dire fête des saints et des morts.

De saints, point chez McDo. Quant aux morts, ils ne sont que vampires, squelettes, chauves-souris et sorcières, tous effrayants. Certes, il s'agit d'un effroi pour rire. Mais des nôtres, de leur amour, de leur regard bienveillant capable de traverser la terre et la pierre, que reste-t-il donc ? Leur dépouille mortelle et la peur. On le comprend, il n'est ici question que d'un marché pour vendre hamburgers et autres Coca-Cola, oripeaux, longues canines, sang artificiel, maquillages étranges. On a trouvé pour cela une magnifique clientèle enfantine et des parents complaisants.

Et pourtant, nous avions tout : des cortèges d'enfants chantant aux portes des maisons, quêtant des œufs, des friandises, ou quelques sous pour Pâques ou l'an neuf, nous avions la chair translucide de la courge devenue lanterne japonaise, les déguisements. Nous n'en avons plus voulu. Nous avons attendu qu'ils nous reviennent païens et chargés d'intentions mercantiles. Même le nom d'*Halloween*, nous le prononçons en le suçant comme un bonbon, alors que nous n'oserions pas dire la « veillée des âmes ». J'en suis troublée. Nous nous saisissons de la mode qui passe comme si nous n'avions ni traditions, ni morts bien-aimés, ni joyeux saints au Ciel.

Il ne s'agit pas de refuser la fête ni de transformer un groupe d'enfants en cortège compassé, mais de s'affirmer en tant que peuple chrétien reconnaissant dans Halloween la veille de Toussaint, la veillée des âmes. Si nous ne le faisons pas, est-ce par honte ou par paresse à penser ?

N'accusons personne de nous envahir, n'accusons pas les médias ou autres publicités, mais accusons-nous nous-mêmes de ne pas savoir nous saisir de ce qui passe pour l'habiller à notre façon, pour l'adapter et pour découvrir ou redécouvrir ce que nous fûmes à travers un signe venu d'ailleurs.

C'est ainsi et ainsi seulement qu'il faut comprendre le mélange dynamique des cultures.

J'ai la chance d'habiter un village où Halloween *made in McDo* n'est pas encore arrivé. Avec deux ou trois personnes, nous allons essayer de faire une « veillée des âmes » drôle et poétique, une grande réunion d'enfants porteurs de lumières, évoquant les morts collectifs, rappelant leur présence, les appelant à nous. Des fantômes et des squelettes, pourquoi pas ? Mais vaincus peut-être par de joyeux angelots pourfendeurs de ténèbres. Nous composerons des chansons, nous inventerons des danses, nous dresserons une belle table de partage des friandises récoltées.

Je ne dis pas que nous gagnerons, mais il ne sera pas dit que nous n'aurons pas essayé.

Chanter les noëls

Avent, rien, pas même mon respect pour l'orthographe, ne pouvait m'empêcher de l'écrire Avant. Car le temps de Noël se situait *avant* la fête. Elle était à l'horizon des jours, bonheur annoncé dans l'obscurité de décembre.

À quoi tenait ce bonheur, sinon à de grandes petites choses ? À ces santons qu'avec ma sœur nous allions désemmailloter de leur papier de soie. À Nadalet qui, dix jours avant la fête, ferait carillonner les cloches de la paroisse. À la répétition des chants de Noël, surtout, qui peuplaient l'Évangile de personnages charmants et si proches de moi. Longtemps j'ai cru qu'ils étaient tous tirés, même l'âne et le bœuf, de l'Évangile de Luc. Les historiettes chantées où saint Joseph faisait taire les Rois mages, où les animaux, les fleurs, les instruments de musique venaient s'offrir à Jésus enfant, se mêlaient si étroitement à la Parole, remplissaient si bien les blancs qu'il était possible de croire à leur réalité. L'abondance même de ces chants de Noël – dits *nadals* ou *nada-*

lets – exprime qu'il y a joie à voir le mystère se vêtir de chair humaine.

La naissance d'un enfant pauvre, le dénuement d'une étable, une mangeoire qui sert de berceau, les petits, les très humbles connaissent cela. Dieu, pour une fois, cesse d'être incompréhensible et inaccessible. Il devient familier et terrestre. Il n'est pas celui « à qui la mer obéit » mais un nouveau-né impuissant. Pour une fois, il ne parle ni aux prophètes ni aux prêtres, mais aux bergers. Cela rapproche définitivement du cœur et des sens Dieu et la Mère de Dieu.

Il n'y a pas un détail de cet Évangile de Luc dont l'imaginaire chrétien du peuple ne se soit saisi, sur lequel il n'ait brodé, de façon humaine et pourtant théologiquement juste.

Cet Ange qui apparaît, si éclatant qu'il fait peur aux pâtres, est l'occasion de dialogues, on peut même dire de discussions, entre le Ciel et la Terre. « Qu'est-il arrivé pour que l'on nous appelle depuis les astres ? s'inquiètent les bergers. À quoi sommes-nous bons, nous, de grand et d'élevé ? » Et lorsqu'on leur annonce la naissance d'un Roi dans une bergerie, cela les fait sourire : « Non, cela ne s'est jamais vu qu'un roi naisse si pauvre, à peine les palais sont-ils assez grands pour eux ! » Il arrive qu'un des bergers, simple d'esprit, croit entendre chanter le rossignol en plein hiver. Un autre est obligé de lui traduire ce chant dans la nuit : « Ce n'est pas le rossignol, c'est un ange qui nous dit qu'est né, dans une étable, un Dieu enfantelet. »

Le voyage des bergers vers la crèche donne lieu à d'abondants développements. Si, avant de partir, les fermiers cossus distribuent le travail aux femmes : « Restez à la maison, gardez le troupeau, dévidez la soie, sortez les agneaux », les bergers, eux, font suivre les bergères : « Notre Mère a besoin de vous. » Ce n'est pas le moindre charme de ces chansons. Qui douterait de l'utilité des femmes lors d'une naissance ? Et les voilà partout, gaies et bavardes, efficaces, portant de grands tabliers blancs, langeant l'enfant, soutenant la mère, cuisant la soupe, chantant et même dansant.

Bientôt, je vais commencer à fredonner les noëls, je vais puiser dans leur fraîche beauté. Au milieu du fatras commercial, dans le gaspillage, à travers tant de foies gras, de superflu, ils me seront fil d'Ariane vers la divine pauvreté.

Fêtes d'hiver

Le clinquant des « fêtes » s'éloigne. Nous voilà pour deux mois dans le calme. À condition qu'aucun spécialiste du marketing ne constate ce vide commercial et ne le remplisse d'un quelconque Halloween.

Mais, pour le moment encore, profitons des fêtes douces et peu onéreuses de janvier et février. Épiphanie de mon enfance, gâteau des rois. Dans le Midi, on appelle ce gâteau un « royaume ». On ne peut que s'émerveiller d'un royaume fait pour être partagé, d'une royauté couronnée de carton, d'un pouvoir qui, au lieu d'accaparer, donne, quelques jours plus tard, un autre gâteau. De roi en roi, de partage en partage, janvier et ses ombres sont éclairés à l'heure du dessert ou du goûter par cette pâtisserie jamais chère et toujours festive. Ajoutons que ce roi n'est pas héréditaire ni méritant, que seul le hasard le désigne. Ajoutons qu'il est d'usage de tailler une part supplémentaire pour l'inconnu de passage. Le visiteur imprévisible auquel on a ouvert la

66

porte est, depuis les Grecs, le dieu en visite. Autrefois, la fève était une vraie fève sèche, puis elle fut un petit sujet en biscuit poreux, puis un plastique léger représentant la lune, un trèfle, une étoile. Maintenant, depuis quelques années, elle est un santon de faïence vernie qu'il faut décrotter de la pâte qui a adhéré. On le met en réserve pour le prochain Noël.

Ainsi cette tradition où, de peu, il est possible de faire grande et généreuse liesse. Au coude à coude, dans l'hiver, avec du vin chaud, boisson de petit prix – du vin, du sucre, de la cannelle, un clou de girofle, un zeste d'orange, un zeste de citron – qu'on peut agrémenter d'un verre d'alcool et faire flamber. La vapeur bleue brûle dans l'obscurité et la flamme ajoute au bonheur. En février, nous arrive la Chandeleur, fête blanche où la lumière odorante de la cire d'abeille évoque le perceptible accroissement des jours. Que la liturgie de ce jour est belle ! Mais qui la suit, qui revient chez soi avec le cierge qui servira au chevet des morts ? Il nous reste la crêpe. Contentons-nous d'elle pour faire parler les symboles.

La crêpe réjouit tous les âges. On peut se demander pourquoi. Elle est ronde comme la Terre, le Soleil et surtout la Lune. Pliée en deux ou en quatre, roulée puis avalée – donc disparue –, elle est à l'image de cet astre qui croît, s'amenuise et disparaît. Faire une crêpe, la manger, c'est affirmer son pouvoir sur l'inaccessible cosmos.

Comme elle passe directement de la poêle dans

l'assiette et nécessite donc un tour de rôle, elle met directement en relation celui qui œuvre et ceux qui mangent. Souvent, d'ailleurs, les convives tentent de faire sauter une crêpe. Il paraît que cela porte bonheur. Ou, peut-être, c'est de pratiquer cette tradition qui est le bonheur. Chandeleur, c'est une fête qui résiste aux siècles et peut, à partir d'une joie simple, ramener à cette lumière de l'office qu'il faut accueillir et porter au monde.

Regardez bien : des écorces brillantes de sève, des bourgeons formés, des herbes jeunes partout sous la végétation grillée par l'hiver. Chut, le printemps n'est pas loin.

Sang et lumière des jours

J'aime janvier et février, mois du silence, du feu dans la nuit et du dénuement.

J'aime aussi que, passé l'Épiphanie, on entre dans les « temps ordinaires ». Ils sont sans marques, unis et paisibles comme les longues amitiés, l'amour à la vie à la mort, le quotidien. Les temps ordinaires sont la chaîne et la trame de la vie sans laquelle il n'y a pas de fêtes, l'assise nécessaire aux broderies.

Je n'aime pas fermer les yeux sur ce qui m'entoure entre deux moments intenses. Il y a foule de choses petites mais grandes par leur sens, dans le pas à pas de la vie. La croissance progressive et insensible de la lumière, la montée des sèves au moment même où tout est dépouillé, où les céréales juste levées sont en sommeil sous le givre et la neige. Quand choit la lumière, regardez les écorces : elles sont roses de sève, des bourgeons s'enflent qui attendent l'allongement du jour solaire, il y aura de plus en plus de jeunes salades sauvages à cueillir. Les gens sont plus disponibles. Nous aussi. La place est libre pour la conversation intime. Avec justement ceux de notre temps ordinaire.

En janvier, nous tuons le porc. Un quart de porc, alors que le jambon de l'an dernier achève de mûrir dans les cendres de chêne. Merci à Ginette qui donne son savoir-faire, ouvre sa cuisine aux tailleurs de viande, de lard, aux malaxeurs de boudin, aux peseurs d'épices, aux goûteurs de chair à saucisse crue, aux manœuvres sans qualification, comme moi, qui s'émerveillent du savoir des découpeurs connaissant tout des jointures, de l'habileté des nettoyeuses et remplisseuses de boyaux. Tout utiliser de cette bête tuée dans les blancheurs des torchons et des tabliers, c'est peut-être l'image même du profit que l'on peut tirer de l'ordinaire du temps. Le feu, dans la cheminée, brille sous le chaudron.

Le sang, la lumière de la flamme, nous ne sommes pas loin de la liturgie qui épouse si bien les saisons de l'an comme celles de la vie. Elle parle toujours de choses très concrètes, et je ne suis point gênée, en janvier et février, d'évoquer, à propos du travail du porc, des saints de lumière et des martyrs. Grégoire de Nazianze, le grand poète de la « Lumière sans commencement qui a libéré les ténèbres », Antoine – cent ans de solitude –, chantre de la joie de Dieu, Siméon qui exulte devant l'Enfant, saint Paul, ébloui sur le chemin de Damas. Ne faut-il pas la nuit des temps pour mieux voir la lumière ? En réponse, nous allumerons la mince flamme de la Chandeleur.

Le sang coule. Celui du porc. Celui des martyrs. Et non des moindres. Sébastien. Agnès la douce. Blaise cardé à mort. Agathe mutilée. Les vingt-six crucifiés de Nagasaki parmi lesquels il y avait deux enfants. Du sang qui est en même temps eau baptismale.

Oui, j'aime ces mois crépusculaires, leur givre, leur actif silence, leur ordinaire où logent si bien tous les mystères.

Père

« Et que feras-tu, si, de l'autre côté, ton père te tend les bras ? » demandait Claudel à un ami athée. « Pardi, répondit l'autre, je me précipiterai vers lui. » Le jour où je connus cette réponse, la vieille peur de sanction que nous portons en nous me quitta définitivement.

Passée la mort, ce n'est pas un justicier que nous trouverons. Ou il n'y aura rien, ou ce sera le Père attendu. Comment ne pas être en paix lorsque l'on avance vers Celui dont le père terrestre nous donna une image imparfaite ? Aux soirs de chasse, celui que j'appelais « papa » me rapportait une plume de geai ou une pigne amandière. C'était son seul jour de congé et il pensait à moi. Pensais-je à lui ? Il me paraissait indestructible. J'allais lui dire bonjour dans son atelier de mécanicien : comme il était fort, résistant au froid, ordonné jusqu'à être tatillon, capable de plier le fer au feu de la forge. Mais, par ailleurs, je le savais coléreux, intolérant et faible.

Depuis qu'il est passé par le pertuis étroit de

la mort, il a été raclé de son écorce et le voilà
devant ma mémoire tendre, beau et blanc comme
l'aubier mis à nu. Ce père-là, déjà affiné, me
donne une idée du Père. Nos pères de la Terre
nous ouvrent les chemins.

Qui n'a pas de souvenirs lointains de protec-
tion absolue, de puissance bonne à ses côtés ?
Nous disions souvent : « Moi, mon père... il est
ça... il dit ça... », et suivait quelque particularité
gratifiante. Comme je le croyais capable de tout,
je promis un jour un dessin de lui pour illustrer
l'un des panneaux du catéchisme. Il dut
m'avouer qu'il ne savait pas dessiner. Je ne me
souviens pas que ma confiance en ait été affaiblie.

Nous fréquentions peu nos pères. Nous, je
veux dire : les enfants d'ouvriers, de très petits
commerçants, de vignerons de petits domaines,
d'artisans rivés à leurs ateliers. Quand je partais
pour l'école, il était déjà en train de se colleter
avec les moteurs, dans le froid ou la canicule,
dans des odeurs d'essence, les mains dans le
cambouis. À midi, il mangeait à toute vitesse et
repartait, tandis que je jouais. Le soir, il arrivait à
la nuit. Six jours sur sept, sans jamais prendre de
vacances.

Il gagnait ce que nous appelions les « sous »,
difficilement, pour nous pourvoir non seulement
en pain quotidien mais aussi en tricots, chaussu-
res, manteaux, charbon pour le fourneau, chocolat et même nœuds de ruban pour les cheveux.

Oh ! ce n'était pas sans rappeler l'effort que
cela lui demandait. Il disait toujours : « Je ne

trouve pas l'argent sous la queue du chien », il affirmait que nous dépensions trop, que nous ne savions pas ce que les « sous » « coûtaient à gagner ».

Mais il était bien ce Père de la prière car il répondait toujours présent, si j'avais besoin de lui – un jouet cassé, une boîte métallique que je réclamais, ces osselets qu'il obtenait pour moi des chevillards de l'abattoir. À table, il gardait pour lui les bords des tranches de viande – le dur, le gras –, nous donnait le milieu en disant avec humour que, lui, il avait fait son squelette.

Cela ne m'a pas empêchée, à un moment de ma vie, de croire que je pouvais faire sans lui et mieux qu'avec lui, de m'imaginer que toute seule j'étais plus forte. J'ai rencontré sa faiblesse très humaine, la fragilité de son corps. J'ai compris qu'il ne pouvait me préserver ni de la souffrance ni de la mort.

Mais l'amour, cet impalpable, m'a baignée, j'ai douté de tout, sauf d'être aimée, même révoltée, même infidèle. Comme avec le Père.

Le jeûne authentique

Depuis quelques années, au moment du ramadan, journaux et chaînes de télévision se font l'écho de cette pratique religieuse. Les musulmans interrogés parlent de ce temps qui les invite à confronter leur vie aux exigences de leur religion, ils parlent de cette privation diurne de nourriture, manifestation la plus évidente du ramadan, leur carême. J'avoue que j'ai chaque fois un pincement au cœur. Personne ne vient nous interroger sur le carême pour la bonne raison que nous ne le suivons plus. Les vacances scolaires l'ignorent. Ce n'est pas la cause de sa disparition, mais le signe – car le ramadan non plus n'est pas marqué par des congés scolaires.

Plus encore que Noël, Pâques est devenue une fête pour confiseurs avec œufs enrubannés, poussins, lapins, petits poissons de chocolat nommés « friture », pour congés et ponts meurtriers. Si j'ai trouvé hier un petit santon dans la galette des rois, plus rien dans Pâques n'évoque le Ressuscité.

Certes, ce ne sont pas ceux qui disent : « Seigneur, Seigneur... », ce ne sont pas ceux qui gardent les formes comme le pharisien et se
glorifient haut de les respecter, qui gardent l'Esprit. Le Maître nous a assez alertés sur des gestes
vides de sens, mais a-t-il dit de les supprimer ?

Cette année, j'ai donc décidé de faire un vrai
carême au plus près de la tradition qui évoque le
Christ au désert. Et d'abord, jeûner. On peut se
gausser, sourire des musulmans qui se précipi-
tent sur la nourriture dès la tombée du jour.
Avons-nous oublié, aux temps du jeûne eucharis-
tique, ceux qui s'empiffraient et buvaient avant
minuit, afin que la lettre fût respectée ? Et les naï-
ves tricheries de ceux qui trempaient leur café au
lait de tant de biscuits que c'en était une bouillie ?
On avait le droit de boire. N'était-on pas en train
de boire avec une cuillère, un bol et sans
mâcher ?

Le jeûne – vrai – a de grandes vertus. Il est une
discipline, et ce n'est pas négligeable dans une
époque où l'on voudrait que tout – le savoir, l'art,
l'amour, les enfants – nous vienne sans effort et
où les chrétiens eux-mêmes cherchent un Dieu
plus facile. Un article, récemment, titrait : « Le
christianisme cool ». Quarante jours de fidélité, ce
n'est pas facile.

En lui-même, le jeûne n'est rien, mais cette sensation modérée de faim est un appel qui alerte la
pensée sur ce que l'on est en train de faire. Si l'on
jeûne, c'est pour quelque chose, pour se souvenir
que l'homme ne vit pas seulement de pain, pour

se ranger auprès de ceux qui vivent avec au ventre une faim endémique. Et pour partager en conséquence. Jeûner est inséparable de méditer, donc de s'instruire. Je vais revenir, au quotidien, à la Parole, m'en nourrir, m'en pénétrer.

Et puis, vivre le carême, non pas la mine déconfite, mais maquillée et joyeuse. Je ne connais pas d'autre prière.

Avec la cérémonie des Cendres, nous entrons dans la mort. Au bout de la route, aguerris, nettoyés, tout neufs, nous allons rencontrer l'alléluia de Pâques.

J'aimerais que nous retrouvions le chemin des pratiques vivantes et qu'interrogés, nous puissions dire en souriant au mystère : « Remettons la fête à plus tard. Nous sommes en carême. Cela veut dire que nous nous préparons à naître. »

Des ailes d'ange

Dans l'une des ruches qu'il tient au bout d'une allée de tilleuls, Roger avait oublié de poser un des cadres de bois et les abeilles avaient construit leur « couvain ». Dans leur incompréhensible sagesse, elles lui avaient donné la forme de deux ailes. Deux ailes d'ange comme celles que l'on fixait au dos des enfants habillés pour la procession.

Comme Roger, en bon apiculteur, ne veut pas de ce qu'il appelle une « anarchie » – elle l'empêche de regarder commodément entre les cadres, elle gêne les passages, prétend-il –, il a ôté ce « couvain » naturel et me l'a donné.

Ce miracle de perfection, léger comme une plume dans ma main, je le regardais dans la lumière. Il révélait par transparence son infaillible géométrie et la délicatesse du matériau. Tout au fond de chaque alvéole brillait une gouttelette de liquide. L'œuf pondu reçoit pour les deux premiers jours de la vie de la larve une petite part de gelée royale. C'est elle que je voyais luire au fond du puits translucide.

Quel usage sophistiqué pouvais-je faire de cette suite d'alcôves garnies d'une part du trésor royal ? Les exposer ? M'en repaître l'œil ? Je ne les méritais pas et, de toute façon, elles ne m'étaient pas destinées.

Cette beauté, dont tous les éléments étaient ineffables – l'odeur, la forme, la couleur –, n'avait pas pour but l'esthétique, mais seulement l'utilité. Les alvéoles étaient vouées au silence besogneux, à la diffuse clarté de la ruche. Elles étaient faites pour le pollen, le miel, les naissances, la propolis – cette gomme avec laquelle les abeilles obturent les fentes des ruches. Ne les méritaient que les infatigables travailleuses, dont les ailes, quand elles meurent, sont déchiquetées d'être entrées tant de fois dans la ruche porteuses de leur butin.

Ces ailes d'ange, allais-je les laisser s'empoussiérer sur ma cheminée, posées dans un artistique contre-jour pour faire valoir les centaines d'hexagones ? Allais-je les mettre sous verre ? De toute façon les garder, c'était les détourner de leur fonction.

La veille du Lundi saint, après une longue contemplation, je les ai mises au feu. Elles disparurent rapidement comme flambe un papier de soie. J'en eus quelques instants de lumière et la bouffée d'un parfum incomparable. Il me reste la pensée de ce travail minutieusement, obstinément reconduit de siècle en siècle et la rare joie d'avoir jeté les yeux sur un éblouissant mystère. J'y songe souvent quand, dans la nuit pascale, est récité le poème de la Genèse.

Juin, le déploiement solaire

Il est bien légitime de fêter Jean-le-Baptiste pour le solstice d'été, au plus haut, au plus clair de l'an. Jean fut celui qui le premier tressaillit de joie à la rencontre de l'Enfant invisible. Plus tard, vêtu d'une peau de chameau et nourri de miel sauvage, pauvre et pur, il désigna l'Agneau et promit le feu à la balle des épis comme à l'arbre stérile.

Dès les premières paroles du Baptiste apparaît la dualité du feu présente dans tous les rites et religions qui accompagnent l'homme depuis l'aube de la Création. Qu'il s'agisse des hindous, des Indiens d'Amérique ou des Celtes, le feu est ce qui dévore, mais aussi ce qui illumine et féconde. S'il fait impitoyablement table rase, il est nécessaire à toute semence nouvelle, à toute construction, idée et naissance nouvelles. Il fallait bien le feu dans la pauvre tête des Apôtres après tant d'événements incompréhensibles. Ensuite ils purent donner un sens aux paroles du Maître aimé ; ils purent partir, remplis d'élan, pour annoncer le Message.

Que le feu soit à double visage, bien des choses concrètes et très terrestres le disent. Le feu ordinaire qu'il faut nourrir et tenir en laisse mais qui réchauffe et éclaire. L'écobuage qui dégage les terres à semer, les feux de jardins de l'automne qui débarrassent des scories sèches. Les bûchers funéraires auxquels on donnait l'enveloppe charnelle et qui libéraient l'âme. Le feu de Saint-Jean mangeur de ce qui méritait de disparaître mais dont un charbon gardé dans la maison la protégeait de la foudre et qui donnait à l'ail que l'on y cuisait puissance guérissante et fécondante.

Il est intéressant de regarder certaines pratiques populaires liées au feu, elles disent toutes que le feu purifie.

Il y a, en son temps, les « paillasses » du mercredi des Cendres. La flamme y intervient doublement. Elle brûle la marionnette de Carnaval incarnant un épisode conflictuel de la vie collective. Elle brûle aussi la carcasse de paille, ce déguisement sauvage dont le paillasse sort homme nouveau.

À Trèves, dans les Cévennes, pour la fête votive, une étrange silhouette solitaire parcourt les rues du village. C'est un homme anonyme vêtu d'une blouse qui descend jusqu'aux pieds et couverte de bouts de chiffons. En occitan, un chiffon au rebut est nommé *pétas*. L'homme déguisé est donc appelé le Pétassou. Les dépouilles qui l'habillent ont été collectées par les jeunes du Comité des fêtes, de maison en maison. Il est d'usage de leur donner un sens : elles incarnent les misères physiques et morales dont souffre la maisonnée. Ensuite, elles sont découpées en lanières et fixées sur la blouse du Pétassou. Il avance, énorme masse hirsute et bariolée, porteur des maux des hommes. Au soir, le vêtement est jeté au feu. Et le mal brûle avec lui.

Dans le feu de la Saint-Jean, à date ancienne, on jetait des bêtes jugées malfaisantes : serpents, crapauds, renards. Vivantes. Cruelle pratique, mais l'on sait bien que l'on extirpe le mal en soi et hors de soi à grande douleur.

Qu'il s'agisse du Pétassou, des paillasses ou de l'immolation des bêtes mauvaises, symboles de notre mauvaise part, tout était à refaire l'année suivante. Car nous ne passons pas aisément du côté de l'Esprit.

Mais à chaque fois la parole, feu de Dieu, la flamme, feu de la Terre, font de nous, lentement, l'espace dégagé du mal, propre à accueillir la semence, propre à bâtir le royaume offert aux pauvres, aux doux, aux affamés de justice, aux purs, aux artisans de paix.

Un coin de paradis

C'était pendant la canicule. Le paysage était jaune et pelé comme après les grandes neiges ou les longs gels. J'espérais qu'il n'en était pas de même dans un petit pays proche, plus élevé que le mien, habituellement frais. Mais non. J'y trouvai les herbages grillés et des chênes déjà morts. Dès que je descendis de voiture à Martrin, la soif me prit. Par des rues torrides et vides, je m'acheminai vers une auberge-café : la Caminade. Elle est installée dans l'ancien presbytère. À peine eus-je passé le seuil et pénétré dans le porche que je trouvai ce que depuis des jours j'attendais : un subtil zéphyr d'eau fraîche et un jardin de curé avec une herbe étonnamment verte, des rosiers somptueux et un banc à l'ombre des arbres. Un avant-goût du paradis. Le jardin descendait, comme un amphithéâtre, ouvert sur un paysage si vaste et si rond que l'on se serait cru au bord d'un immense nid. Au loin, des monts veloutés et bleus, une terre totalement cultivée. À toucher du doigt, les toitures de l'église ornées de lichens-

cocardes orange et jaune vif. Une perfection.
L'idée me vint que l'ombilic du monde n'était ni
à Delphes ni à Toulouse mais ici, dans ce village
minuscule.

Dans la nef de l'église, je retrouvai la fraîcheur.
Différente, un peu moisie, mêlée de cire. Elle était
sombre et des vitraux du xixe siècle lui donnaient
une vague lumière nacrée. J'avais toujours eu
quelque mépris pour cette iconographie sulpi-
cienne dont les vitraux de Martrin, comme la sta-
tuaire, étaient un exemple. Mais pour la première
fois – la canicule mène à tout –, je les *vis*, j'allai
de l'un à l'autre, lentement, dans la fraîcheur
aquatique, enfin attentive.

Et leur sens m'apparut. De l'Ancien Testament,
de cette somme énorme il ne restait qu'Adam, Ève
et Moïse, barbu et chevelu, portant les Tables de la
Loi. C'était normal. La faute originelle comme les
commandements étaient entrés dans les têtes des
fidèles depuis le catéchisme. Une vie de Jésus cou-
rait de vitrail en vitrail, une sorte de révision des
leçons de l'enfance. La Vierge Marie, chère au
cœur des fidèles, était en bonne place dès l'entrée
par une Assomption, plus loin dans une Sainte
Famille et les diverses apparitions – Lourdes, La
Salette. Enfin on voyait le sauvetage des âmes du
Purgatoire par Marie. La dévotion du petit peuple
allait à cette messagère de l'invisible venue miséri-
cordieusement vers les hommes et les aidant jusqu'après la mort. Antoine de Padoue qui faisait
retrouver les objets perdus, Thérèse et ses pluies
de roses, saint Joseph humble et utile, le curé

d'Ars, et saint Clément, le saint votif dont la source miraculeuse guérissait les maladies de peau, c'était l'album de famille des plus simples, des plus proches. J'étais étrangement émue d'une émotion qui ne devait rien à l'esthétique. Il ne s'agissait pas de ces statues dont on vendait la photographie, que l'on protégeait de systèmes antivol sophistiqués à cause de leur prix. Ce n'étaient que des plâtres peints en série. Ils gardaient pourtant le sacré : l'Évangile, et le moins sacré : la foi qui croit aux miracles et les demande pour les plus petits, ces millions d'hommes et de femmes qui avaient fait le pays si beau avec la houe, la charrue, la sueur et l'espérance en Dieu.

Dans un coin de l'église, petite, sortie de terre par les labours après des millénaires d'enfouissement, une de ces statues appelées statues-menhirs, sans cou, sans oreilles et sans bouche, donc muette. Elle était là, témoignant des hommes anciens qui attendirent si longtemps que Dieu parle, enfin. Ce bout de grès rouge était le cri des hommes vers l'incompréhensible, contre la peur de vivre et de mourir. Il traversait l'immensité du temps.

Par un chemin presque miraculeusement fleuri, dans une odeur de fleur d'oranger venue de la biscuiterie, je descendis jusqu'à la fontaine-lavoir. J'avais compris ce que signifiait l'ombilic du monde. Quand des vérités deviennent évidentes et nous éclairent de leur lumière, l'on se trouve au centre de tout. Pas besoin d'aller à Delphes pour voir scintiller les millénaires.

« *Donne-moi à boire...* »

Alors même qu'il existait l'eau courante, dispo-
nible au robinet, j'ai connu l'économie de l'eau.
Non pas celle imposée par les autorités, mais
celle exigée par les petits budgets. Ma mère, ma
grand-mère, ma belle-mère n'auraient jamais jeté
dans le trou de l'évier ni la dernière eau de rin-
çage des lessives, ni celle où les légumes avaient
été nettoyés, ni même celle où elles s'étaient lavé
les mains. Elle servait à passer la serpillière sur
les pavés, à faire un premier nettoyage d'un tor-
chon ou d'un ustensile de cuisine, à arroser les
fleurs. À la fin de sa vie encore, mon père ne tirait
la chasse des toilettes qu'après les avoir utilisées
deux ou trois fois. Vieilles habitudes d'économie.
Il me faut avouer que j'ai pu en rire et parler à ce
propos d'avarice.

Après mon mariage, je vins dans cette maison
même où j'habite aujourd'hui, où il n'y avait
aucun robinet. Pour tous les besoins, il n'existait
qu'une source parcimonieuse et une citerne à eau
de pluie. Certes il s'agissait de vacances. Les

draps et vêtements volumineux, je ne les lavais que rentrée chez moi. Mais restaient torchons et pantalons raides de terre, vaisselle, cuisine, toilette et seau de chambre. Chaque geste utilisant l'eau était mesuré au plus juste. Ne parlons pas des récupérations. L'eau servait plusieurs fois avant d'être jetée au sol. À cause de cette contrainte, je me mis à regarder d'un autre œil les fontaines jaillissantes et, aujourd'hui encore, si je mets mes mains sous leur ruissellement frais, c'est parce que j'ai dans ma mémoire et dans celle de mon corps l'eau mesurée et l'incroyable effort des bras qu'il fallait déployer pour arroser – si peu pourtant – le jardin.

Ces temps-ci nous connaissons la sécheresse. La terre des prairies est fendue de grosses crevasses, les champs sont grillés, la rivière basse et les arbres ont si soif que les tilleuls en pleine floraison sont aussi jaunes qu'en automne. Les vieilles gens meurent plus facilement qu'au printemps.

Et je retrouve l'économie de l'eau alors même que la maison est alimentée par un forage profond. Aujourd'hui, je sais que cette économie n'est plus individuelle mais mondiale.

Le 24 juin, jour du Baptiste, un pèlerinage très populaire rassemble, au large d'un village minuscule, autour de la source de la rivière Rance, quelque deux mille personnes. On vient y puiser de l'eau dite miraculeuse. Mais toute eau n'est-elle pas miraculeuse ? Ne le serait-elle pas pour la terre assoiffée du Sahel ?

Je connais une femme qui vit sur deux réserves

d'eau : une citerne et un bassin à ciel ouvert qui lui permet d'arroser son potager avec modération. À un moment de sa vie, elle faisait des cadeaux d'eau à un homme encore plus démuni qu'elle. Lorsqu'il passait, elle lui offrait un ou deux litres qu'il emportait dans sa cabane de charbonnier installée dans des collines sèches. Parfois il utilisait son bassin pour se laver sommairement. Qu'une eau déjà croupissante ait pu être un don royal, voilà qui donne à réfléchir sur la symbolique de l'eau présente dans l'Écriture et donc dans la liturgie, sur une utilisation respectueuse de ce bien.

Cette fin d'été, regardons avec plus d'attention tout le patrimoine lié à l'eau : les sources, les norias, les pompes, les lavoirs, les fontaines publiques, les vestiges des premières usines hydroélectriques, les capitelles des Causses dont certaines protégeaient une réserve venue goutte à goutte. Et avant de bouder la pluie, songeons à ces millions d'hommes qui la demandent et l'espèrent.

Ayons soif d'une justice de l'eau. Dieu nous demande à boire.

« *Tu es Pierre...* »

Consulter les registres d'état civil de ce village serre le cœur. Beaucoup d'enfants de l'Assistance y étaient placés en nourrice. Ils arrivaient sans identité, munis seulement d'un numéro. Un employé de mairie donna patronymes et prénoms. Et je lis : Désirée Plustard, Rose Écloze, Grené Trèsfraix, Nicaire Oubli. On a honte de ce jeu cruel.

Le prénom, plus que le nom de famille, est l'identité de la personne. Les siens l'ont ainsi désigné et, en permanence, toute la vie, l'individu entendra ce prénom. L'un des premiers mots gazouillés à l'enfant, c'est lui. Il est signe d'appartenance, marque d'affection, salutation pleine de sens au nouvel arrivé. On le lui serinera jusqu'à ce qu'il sache répondre à la question « Comment tu t'appelles ? ».

Regardons les tables des élèves, les graffitis des murs, les cœurs enlacés, ces écritures enfantines sur les trottoirs, tout est marqué de prénoms. Les cachots des maisons de correction étaient couverts de noms, comme si, dans l'isolement, il était nécessaire de s'inscrire dans l'épaisseur des enduits. C'est assez dire que nommer n'a rien d'anodin. C'est chose grave et profonde. Perceval, dans la chanson de geste, est ainsi appelé quand il devient homme ; les religieuses, le jour de leur profession, prennent un nom nouveau ; le Christ nomme Pierre au moment de lui confier les responsabilités ; les jeunes scouts reçoivent leur totem au cours d'une cérémonie initiatique ; un artiste prend un pseudonyme. Il s'agit d'un deuxième baptême. L'individu renaît non plus dans l'inconscience mais dans le libre choix d'un nouveau nom.

Il fut un temps où le prénom signifiait la lignée. Père, mère, grand-père ou grand-mère, parrain ou marraine, les parents n'avaient guère à réfléchir. Le prénom usuel et la série des prénoms affirmaient la continuité familiale. Plusieurs générations étaient là, derrière l'enfant, pour l'étayer dans le temps immense.

L'étau familial s'est desserré, mais les ancêtres se retrouvent dans la série des prénoms. Derrière Steeve, voici Alfred ; derrière Karine, Josepha, derrière Sylvie, Esther. On peut sourire de Vladimir Lopez. Mais ce choix marque une dynamique distance avec la mémoire familiale. Toutefois Antonio, en troisième position, manifeste, discrètement, la fidélité.

J'aime que mon petit-fils se prénomme Louis, comme son grand-père, son arrière-grand-père.

Mais lui, aime-t-il cela ? Et aurait-il aimé porter un prénom encore plus désuet ?

Dès que disparaît l'obligation familiale, les convictions des parents apparaissent. Ceux de Mélodie et Maya ne veulent aucune référence à un saint. Scolastique et Natalène, au contraire, font référence au saint votif. Esclarmonda ou Gwenaël sont enfants de militants régionalistes. Zidane, ceux de passionnés de football. Idéal est le fils de républicains espagnols. Est-ce que ces prénoms seront plus faciles à endosser ? De toute façon, avec ou malgré eux, il faudra devenir.

J'ai prénommé mes deux fils Laurent et François. Le premier parce que Laurent est un saint plein d'humour corrosif. Comme l'Empereur le sommait de lui porter les trésors de l'Église, il arriva avec une troupe d'éclopés et de misérables en disant : « Voici mes richesses. » Le second, François, à cause du Cantique des créatures et de la divine pauvreté. Avec un prénom, on espère semer des désirs, des convictions.

Restent les « petits noms » de la tendresse, les diminutifs de l'amitié, de l'amour.

Je caresse en moi celui que me donnait mon père, celui que me donne mon époux. Ils sont ma meilleure part. Ce sont eux que j'attends lorsque je serai appelée, sous les treilles éternelles, à prendre place autour de la table préparée.

Le maquis de l'âme

L'année dernière, aux approches de Noël, je vivais une épreuve. De plus, je logeais dans une maison vide. Il me sembla bon de la garnir de quelques objets qui fussent des repères.

Je me rendis donc dans l'un des hypermarchés les plus grands de la région. Il était tout agité de la turbulence des fêtes : fourmillement de gens, chariots débordants, fanfreluches, scintillements d'or et d'argent.

La galerie marchande était ponctuée d'espaces blancs habités de bêtes blanches. Chevrettes naines dans des berceaux immaculés, lapins des neiges, pigeons-paons blanc pur avec un peu de rose aux pattes, souris, et un mérinos de soie pâle ivoire clair. Les maisonnettes où on les tenait, découpées dans de l'aggloméré, la paille des litières, la neige en billes de plastique où se perdaient les petites crottes noires, tout était blanc et incarnait un rêve d'hiver glacé.

Mais je cherchai en vain la moindre allusion à la Nativité. Plus d'affiches montrant le Ciel où apparaissent les anges ou des santons. Plus d'Enfant Jésus sur la paille. Le fond sonore débitait *Petit Papa Noël*, mais on n'entendait plus, comme il y a peu de temps, le *Gloria in excelsis Deo* ou l'*Adeste fideles* qui célèbre la « splendeur de Dieu voilée de chair ».

Noël, j'étais bien forcée de le constater, avait sombré dans ce que l'on nomme les « fêtes », globalement, toute une semaine de tables surabondantes, de boissons à flots, et de montagnes d'objets offerts. La tradition amicale, sympathique, des souhaits s'y était perdue, comme s'y perdait la grave irruption de Dieu dans les choses terrestres.

La lumière de l'étoile était bien trop douce pour être visible à travers les rues, les arbres et les magasins ruisselants de lumières.

Et pourtant, l'annonce de Noël n'avait jamais été aussi pertinente qu'à cette minute même où naissaient dans le monde des millions d'êtres voués à la mort ou à une vie pire que la mort. Car Noël est exactement cela : la naissance d'un pauvre de plus.

Mais qui désirait entendre le message ? Avec la complicité de tous, il s'effaçait dans la nuit scintillante. Qui ne voulait sa tranquillité intacte ? Qui ne désirait pas profiter du festin de Thyeste[1] ?

---

1. Thyeste, frère d'Atrée, le trahit avec sa femme. Pour se venger, Atrée tua les deux fils de son frère et les fit servir comme mets à leur père.

L'âme nue et déserte est table débarrassée pour la grâce, en tout cas pour l'imprévisible. C'est ainsi que j'étais à ce moment-là. Prête. À condition, toutefois, de ne pas manquer le passage silencieux de l'Ange.

Attends. Penche-toi vers ta nuit obscure, comme en hiver, quand tu sors sur le seuil et que tu écoutes le chant de la hulotte, le brame du cerf ou le cri de la souris croquée.

Garde-toi du monde sans refuser de le voir. Sois ermite au milieu de son agitation.

Et avance à travers les arbustes épineux. Delteil appelait à « prendre le maquis de l'âme ». Aussi bien est-ce cela, l'Avent.

Les Rois mages

À la rentrée d'octobre, au lycée, cette année-là, il y eut grande animation dans la salle des professeurs, puis au moment du café, puis encore dans les couloirs. Nous avions appris pendant les grandes vacances une nouvelle inouïe : la femme de Robert Henry, le professeur de latin-grec, était en prison ! Les multiples commentaires allaient de la pitié à une ironie satisfaite, car Robert Henry, son épouse et leur petit garçon menaient un train de vie très supérieur à ce que peuvent se permettre un professeur, fût-il agrégé, et une comptable, fût-elle celle de la plus grande entreprise de la ville. Il se disait de tout à ce propos : que sa femme était associée au grand patron, qu'elle était son « amie », que le « pauvre Robert Henry » n'y voyait que du feu, perdu qu'il était dans les civilisations antiques. Il y avait beaucoup de jalousie dans les remarques concernant le mari trompé et la trop jolie et élégante Marianne.

Pour moi, j'aimais ce vieux monsieur, savant,

discret, attentif à tous. Il était le client de mon père dont l'atelier de mécanique jouxtait la maison des Henry. Dans un coin du garage Robert, paisible, d'une exquise politesse avec mon père, sculptait des divinités antiques dans de petits morceaux de marbre blanc.

Le matin où la police débarqua pour arrêter son épouse, il était si désemparé, il avait en elle tant de confiance que, dans l'instant, il signa une caution solidaire où il se portait garant de toutes les dettes de sa femme. Elle était accusée d'avoir puisé dans la caisse pour des sommes qui nous laissaient pantois : quelques centaines de millions d'anciens francs.

Dans les jours qui suivirent la rentrée, il ne se parla que de cette affaire, au lycée comme dans les journaux. Marianne avait fait une tentative de suicide. Elle était la complice du patron pour frauder le fisc. Elle était sa maîtresse. Elle était la seule voleuse, bien placée pour falsifier la comptabilité. Lui, c'était un nigaud, un « Jean-de-la-lune ». D'autres fois, on affirmait qu'il « fermait les yeux », trop content de la manne.

Nous n'étions pas nombreux à penser à la détresse de Robert Henry. Il y avait Léopold, un professeur d'éducation physique, Liliane, historienne, et moi. D'autres peut-être, mais nous trois avions pitié de lui et entière confiance en cet homme que nous estimions. Nous pensions qu'il souffrait plus encore du vol que de l'infidélité supposée.

Le temps du procès, Robert Henry fut suspendu de ses fonctions et réintégré après son acquittement. Il revint au lycée, digne et si triste.

Maintenant, il fallait payer. Sa villa fut mise aux enchères et nous apprîmes que ses meubles allaient être vendus à l'encan. Avec Léopold et Liliane, nous fîmes une collecte pour racheter les livres qui, pour Robert Henry, comptaient le plus : le Gaffiot et le Quicherat pour le latin, le Bailly et le Rat pour le grec, ainsi que son *Encyclopédie* Larousse.

Le jour de la vente, sur la place publique, bureau, buffets et bibliothèques n'avaient plus rien de somptueux. Il faisait froid. Que cet étalage était poignant et pitoyable. Nous pûmes racheter tous ces livres qui étaient la trilogie de sa vie.

Nous arrivâmes chez lui, les bras chargés. Léopold était sénégalais, Liliane, d'origine russe, avait les yeux bridés. Les cloches sonnaient. Je n'avais pas fait attention à la date. Je ne compris que lorsque Robert Henry nous ouvrit, son fils dans les bras, et, après nous avoir regardés, tour à tour, dit, les larmes aux yeux : « C'est l'Épiphanie aujourd'hui. Mais je ne savais pas que j'aurais la visite des Rois mages. »

Les mots de la prière

Si la liturgie est intimement liée aux cycles naturels, si la conjonction de Pâques et du printemps augmente notre joie, si Toussaint se situe à l'entrée du froid et Noël au moment où dans l'obscurité nous attendons le soleil, le langage de la prière, lui, a souvent éloigné le sacré du quotidien.

Qu'il s'agisse des divers moments de la messe, des heures canoniales, des objets du culte, les mots employés ne font pas vibrer en nous cette part terreuse qui tient à notre condition d'hommes charnels, infimes et pécheurs.

On nous dira que c'est par souci de ne pas désacraliser le sacré en le ravalant au niveau de l'ordinaire, par respect de ce qui nous dépasse.

Oui, un respect tel qu'il a dénaturé ce dont il prétendait être le gardien. Dénaturer au sens le plus strict du terme, c'est-à-dire : enlever la nature. Qui reconnaît dans les burettes des cruches pour l'eau et le vin et dans les linges de simples torchons ? Il y a loin, trop loin maintenant, de l'hostie au pain, dans les mots comme dans les choses.

La piété populaire a eu parfois plus d'audace que la hiérarchie. Certaines croix sont chargées de tout le matériel de la crucifixion – clous, pot à eau du lavement des mains de Pilate, bourse de Judas, main dressée représentant le soufflet reçu par Jésus –, un matériel non pas représenté symboliquement mais sorti d'un bric-à-brac domestique. Les dents de sainte Apolline, les seins d'Agnès, les yeux de Lucie posés sur une assiette sont criants de vérité.

Cela n'enlève rien d'ailleurs au respect ou au sentiment du sacré. Car, au-dessus des molaires si bien observées, des seins comme des demi-citrons, des yeux sphériques, les visages des saints rayonnent de leur courage et de leur foi.

Ce qu'il y a, au fond, derrière le refus des mots et des choses de la vie courante, c'est la peur que les hommes ont de Dieu. Ils n'ont pas compris – ou ne veulent pas – son humanité révélée par l'Évangile. Ils craignent de commettre des sacrilèges et d'être terrassés « par la force de Son bras ».

Regardons ce que ces mots contiennent de l'ordinaire de nos vies et de l'ordinaire du monde. Génuflexion, calice, vigile, canon, oraison, louange, parabole, Épître, Évangile, psaumes, grâces, offertoire, manipule, *amen*. Ils fourmillent en nous, ils tournent dans le volume des églises. Mais la plupart n'ont jamais atterri. Même au temps où la prière du soir se disait en famille, les mots restaient dans ce coin de la pièce où l'on se tenait pour la réciter. Ils appartenaient à un temps, à un lieu donné, à un Dieu inaccessible, même si nous avions faim de voir le quotidien sortir de sa gangue. Et s'élever vers Lui.

D'un allègre va-et-vient de la Terre au Ciel, je ne trouve pas de meilleur exemple que le jeu de la marelle-avion. Sur un pied nous parcourions l'espace chiffré avec des séjours, parfois, au Purgatoire – appelé encore « prison » – ou des haltes dans nos chambres, ou « reposoirs ». C'est en faisant glisser le palet d'une case à l'autre et en sautant par-dessus les traits que nous avancions, montions et redescendions, une fois proches du Ciel, une autre fois revenues sur Terre, une autre fois retenues au Purgatoire. Il nous apparaissait obscurément dans le geste du pied agile que le jeu allait sans cesse du quotidien au céleste, que le jeu les liait et les faisait se pénétrer. La vie de tous les jours y gagnait en mystère et grandeur.

Ce va-et-vient peut être un bonheur des jours de l'année liturgique. Atterrissons !

De l'ombre à la lumière

Le mercredi des Cendres à Cournonterral, dans l'Hérault, se déroule une étonnante fête qui pourrait paraître triviale, à base de lie de vin dont sont maculés les murs, les rues, les trottoirs et les spectateurs imprudents.

Deux groupes d'hommes se partagent l'espace du village. Les « paillasses », énormes – un matelas de paille étoffe leurs épaules et leurs torses –, masqués d'une peau de blaireau, coiffés de chapeaux ornés de plumes noires, vont poursuivre les « blancs », immaculés, et tenter de les souiller en lançant sur eux une toile de jute trempée dans la lie de vin. À tous les coins de rue, des comportes pleines permettent de recharger les projectiles. Le jeu, au sens médiéval de théâtre sacré, consiste pour les uns à s'échapper, pour les autres, les sauvages, à les atteindre. Le reste des habitants se calfeutre dans les maisons. Quant aux imprudents restés dans les rues, ils recevront impitoyablement le baptême de la lie.

Le bas des maisons, les vitrines des magasins

surtout ont été protégés de grands plastiques transparents et la poursuite se déroule dans une sorte de courant incertain et miroitant.

À cinq heures précises, tout s'arrête. Blancs et curieux s'approchent. Les habitants du village sortent de chez eux avec de grands tuyaux d'arrosage et nettoient à longs jets murs, rues et trottoirs. Pendant ce temps, les paillasses se déshabillent. La paille tassée est si dure qu'ils doivent la fendre avec un couteau sur tout le devant du corps et se hisser hors d'elle comme un insecte qui mue. On brûle cette paille mouillée de lie dans d'âcres odeurs de vin cuit. Une fumée amère monte dans le crépuscule. Demain commence le carême.

Est-il seulement besoin de commenter ? Il s'agit bien ici de l'éternel combat de l'ombre et de la lumière. Salissure, nettoyage, abandon de la dépouille du vieil homme, homme *nouveau* tout blanc mais qui n'est pas à l'abri de la lie, baptême inverse, nécessité d'être à l'intérieur de la maison, c'est-à-dire en soi-même, tandis que se déroule la bataille, présence du feu et de l'eau lustrale : chaque élément de cette tradition, le plus souvent mal comprise, invite à une méditation chrétienne. Car le carême, c'est bien triompher des forces obscures, brûler ses propres éléments sauvages, se tailler comme un arbre et avancer vers ce point culminant de l'année liturgique, Pâques, dont la lumière nous submergera.

Les habitants de Cournonterral ignorent le sens de leur fête. Qu'importe. Elle leur parle en profondeur. Nous touchons là à l'importance des rites. Ils font entrer, non pas de façon théorique, mais par une pratique dans la complexité de l'homme et du monde, du bien et du mal.

Beaucoup d'autres signes, moins évidents mais forts aussi, participent, dans nos civilisations, de l'attente pascale du renouveau. La célébration de l'œuf si lié à l'éternité que l'on en déposait un sur les cendres de l'urne funéraire. Les nettoyages de printemps des maisons. Les vêtements neufs. Les grandes lessives dont les draps sortent blancs de neige. La consommation des nourritures dépuratives, pissenlits et jeunes pousses vertes, et, surtout, la présence sur les tables de l'agneau.

Entrons hardiment et joyeusement dans la quarantaine du carême, petit désert où le paillasse en nous brûle son écorce, arrivons nus et fragiles, purs autant que nous le pouvons au matin de Pâques. Les anges, déjà, nous soutiennent de leurs ailes.

Du rose à l'âme

Vive le jeûne ! Entendons-nous, joyeux et bien peignés et même maquillés. Ajoutons : un peu aveugles, que la main droite ignore ce que fait la gauche.

Le jeûne n'est ni un exploit ni une occasion de souffrir. Louons du jeûne de carême, en tout premier lieu, sa longueur. Elle est l'occasion d'une vraie fidélité, suffisante pour faiblir, se reprendre, continuer. Mais ce qui est plus important, c'est sa vertu d'horloge : « J'ai faim. Il est temps. » De quoi ? Il vaut mieux l'avoir prévu avec précision et plutôt moins que plus. Relire tel Évangile, tel Acte des Apôtres ou les Psaumes. Ou la vie d'un saint. Ou se donner à ce Rosaire qui a bien des mérites parce qu'il est répétitif, ancré sur les mystères simples et poétiques de la vie de la mère de Dieu. Chaque fois que nous titillera l'envie de manger – ou la gourmandise –, disons-nous qu'il est l'heure de passer à ce que nous avons prévu. Et comme la prière est liée à la vie, il est bon de réfléchir à ce que l'on doit modifier dans la sienne vis-à-vis de ces gens autour de nous que nous n'aimons pas ou que nous jugeons sévèrement, dans lesquels nous n'avons pas confiance. Comment changer notre regard sur eux, chercher la meilleure part, les comprendre ?

Un autre profit du jeûne, c'est qu'il peut nous donner idée de la faim véritable, celle qui n'est pas choisie mais subie par tant de peuples, disons plus justement que cette faim leur est imposée pour le profit des nantis – vous savez, ceux qui auront tant de mal à passer la porte du Ciel et dont, gavés que nous sommes, nous faisons peut-être partie.

Et comme penser à ceux qui ont vraiment faim est insuffisant, pratiquer le jeûne permet de réaliser une économie à offrir le jour de Pâques. Nous aurons alors tiré grand profit du temps de carême et pris de bonnes habitudes de prière et de sobriété – n'oublions jamais qu'il y a toute une morale dans notre rapport à la nourriture.

Désert que tout cela, marche aride vers l'oasis pascale, marche nocturne vers l'aube, mais non sans fruits et non sans joie. C'est ce que dit le rose des ornements du quatrième dimanche de carême, dit dimanche de *Lætare*, « Réjouis-toi », premiers mots de l'antienne du chant d'entrée. « Soyez dans la jubilation, exultez ! » Il est bon de ruminer cette beauté pendant le temps de carême qu'il reste à vivre.

Tout est rose, les bourgeons naissants du chêne, les écorces éperdues de sève des cerisiers et des rosiers, les aubes. Les oiseaux en foule chantent *Lætare,* comme l'orgue. Cette année où Pâques est « estivante », comme l'on dit joliment dans le Midi, c'est-à-dire tard venue, il n'y aura pas de peine à trouver des fleurs pour orner l'autel.

Nous ne ferons pas grise mine. Du rose, du rose aux joues, du rose à l'âme.

Au labyrinthe de la vie

Ce n'est pas un pèlerinage qui m'a menée vers la Normandie mais de futiles nécessités. Toutefois, en parallèle à l'itinéraire profane, j'ai suivi des routes balisées d'églises. Il y en a des petites, à l'arrêt au bout d'un chemin creux impraticable en voiture. On avance dans la mouillure printanière et on les trouve, silencieuses au milieu de l'herbe vert cru. Et vides. Et puis il y en a de prestigieuses, presque légendaires, où la foule se presse par cars entiers.

Au-dessus d'une terre horizontale, au bout de laquelle on sait la mer sans la voir, on aperçoit de loin ces églises, énormes bâtisses sombres, balises de l'espace et du temps. À mesure que l'on s'approche, les silhouettes sévères se révèlent prouesses d'architectes. Ce ne sont que murs percés de verrières, ajourés de multiples découpures, balconnets à balustres, légers dans l'espace, arcs-boutants, rosaces, clochers apointés comme des dards, abondance d'ornements, statues en équilibre sur le ciel. Sur ces masses, où il y a presque plus d'air que de pierre, se déroule dans de minutieuses fioritures une immense narration religieuse qu'une multitude de visites ne saurait épuiser.

Dedans : les vitraux, leur richesse prodigue, leur somptuosité de tapisseries de verre. Pour qui, sinon pour Dieu, a été créé tout ce qui grimpe jusqu'aux cimes extrêmes de la pierre et du verre où l'œil ne saurait les atteindre ? Ces cathédrales sont un défi à la Création, le défi de celui qui fait mieux que le maître.

Vois, Seigneur, ce que nous avons fait des talents que tu nous avais confiés. Tu nous avais donné le roc, voici qu'il ne mérite même plus le nom de pierre. Il faut dire dentelle, nervure de limbe, équilibre de cristaux. Tu nous avais donné le verre, l'arc-en-ciel et la lumière. Nous les avons mêlés dans cette invention éblouissante : le vitrail. Nos rouges sont plus beaux que ceux des fleurs, nos bleus peuvent rivaliser avec ceux du ciel, nos verts avec la jaune céréale, nos rosaces sont plus étonnantes que le paon et l'iris de l'œil. C'est de Chartres que je vous écris et je ne sais ce qui me trouble le plus, le pouvoir présomptueux de l'homme ou l'humilité de Dieu.

Au centre de la nef, il y a un labyrinthe tracé de pierre noire sur le sol blanc Autour il y a tant d'ordre, de symétrie, de logique à travers le fourmillement des richesses, que l'on s'étonne de ce symbole. Le labyrinthe n'est-il pas l'errance, le lieu où se perdre sans avoir atteint le centre, la chambre inexpugnable ? J'ai posé mes pieds sur les cheminements, je me suis perdue, je suis tombée sur des passages infranchissables, je me suis retrouvée au point de départ. Et, chaque fois, j'ai recommencé. C'était, avec évidence, ma vie que je suivais ainsi, les yeux fixés au sol, avec angoisse, alors que me baignait la lumière des vitraux – je ne pouvais les lire, ils étaient trop éloignés, mais j'étais sûre de leur sens –, alors que me coiffait la mue de pierre, impossible à connaître dans son accablante abondance – mais n'avais-je pas l'éternité devant moi ?

Errance et incertitude sont de l'homme, les yeux fixés au sol essayant de trouver sa route au milieu de ce qu'il ne peut déchiffrer. Voilà ce que j'ai compris en avançant dans le labyrinthe de Chartres, entourée d'anges, de saints, de sages, transfigurés de lumière.

Marie, Marie-la-Belle de la grande verrière me regardait, Marie-de-la-Visitation au ventre de verre rouge m'annonçait la future naissance. Marie-de-dessous la terre, dans la crypte, veillait sous mes pas incertains.

Ainsi sommes-nous au labyrinthe de la vie, à la surface mince de notre temps, portés et couverts par l'amour incompréhensible.

Moissons d'été

Dans la plaine, les champs de céréales sont passés du vert à l'or, puis au chaume pâle, les mésangeaux ont grandi, le jardin a donné de pleins paniers rutilants et verdoyants. Les enfants, les petits-enfants, la parenté et les amis sont venus. Il reste des traces visibles de leur passage, des chaussettes oubliées, un ballon rouge dans l'herbe, une grande table installée pour s'y asseoir à dix ou douze. Les flèches de châtaignier ornées d'un filetage de cuivre, artisanat de nos petits Indiens, sont un clin d'œil dans l'ombre de la cave. Ces menus signes dispersés, je n'ose les enlever encore. De toute façon il restera l'invisible : la mémoire qui pèse dans chaque coin de la maison, des collines, du village. Une mémoire augmentée d'année en année.

Aujourd'hui, dans la beauté du silence revenu, près des rosiers qui « remontent », je laisse fleurir en moi des images. J'en tiens le compte, je savoure et je loue.

Nous sommes de grands remâcheurs de temps.

Qu'il faille se défier de la volupté comme des nostalgies amères d'une telle rumination est une évidence.

Un soir, un de ces beaux soirs immobiles et frais où il est si bon de se promener, nous avons emmené les enfants dire bonjour aux statues-menhirs. De granit, de schiste, de gneiss, de grès rose ou gris, de la taille d'un jeune enfant, elles sont l'œuvre de peuples préhistoriques qui vivaient sur les monts de Lacaune et les environs. C'est à date récente que, déterrées de plusieurs millénaires d'enfouissement, elles ont été redressées et installées dans le site même.

C'est une sorte de musée de plein air ouvert à toute heure du jour et de la nuit. Nous avons appris aux enfants à reconnaître les hommes des femmes, à trouver, parfois presque effacés par le temps, la ceinture, la natte de cheveux, l'« objet » mystérieux qui les accompagne, les petits seins ronds des femmes. Aucune n'a de bouche. Nous sommes revenus souvent, les enfants adorent refaire.

Ces statues, les chercheurs en ignorent tout, nul ne sait pourquoi elles sont muettes, mais elles sont un piège magnifique à l'imaginaire, à la pensée, à la méditation, car il est probable qu'elles soient des divinités. Un soir, à nuit close, nous sommes allés célébrer près d'elles un lucernaire.

Ces flammes allumées, cette prière simple saluaient le sentiment religieux de nos ancêtres, la permanence de l'idée de Dieu. La petite flamme vivante le disait, sans commentaire. C'est ainsi que nous pouvons semer, légèrement, en terreau d'enfance. Et qu'il naîtra de ces instants, demain, dans très longtemps, l'imprévisible.

La rumination est une bonne chose, surtout si elle aboutit à nous éloigner d'elle, comme en ce soir-là sur les hauteurs de Belmont.

L'épaisseur de la vie, son foisonnement nous laissent comblés, saturés, presque endormis, réchauffés au passé. Mais la Dame de Montlaur me dit de rester dressée, de monter la garde aux franges du temps, avec l'attention d'un chat, de regarder du côté de l'horizon afin de ne pas manquer les aubes de toutes les nouveautés.

Les silences de la ville

En ce mois de rentrée, j'ai envie de vous dire : Ne soyez pas nostalgiques. Ne croyez pas que vous avez laissé à la campagne un doux paradis. La solitude y est parfois terrible, le poids du vivre plus lourd qu'ailleurs. Allez à la rencontre de cette ville où vous vivez. Vous en découvrirez la verdure, les silences, les beautés. Et surtout elle vous offrira ce coude-à-coude fraternel avec la multitude des autres.

Si bruyante que soit une ville, elle possède ses îles de silence. En plein Paris, je n'ai que l'embarras du choix : pénétrer à Saint-Julien-le-Pauvre, y jouir d'un office de rite byzantin, entrer chez Deyrolle, rue du Bac, emprunter la cour du Commerce-Saint-André, traverser le Jardin des plantes, longer même le quai de la Seine pour me rendre boulevard Saint-Germain, et tout d'un coup, en plus de ce que j'ai plaisir à voir, quelque chose se passe, né du silence trouvé, immobile, parfaitement délimité, comme taillé dans le bruit. Une cour d'inattendus feuillages, sur les bords

113

d'une fête foraine et de sa musique violente, une terrasse de café offrent l'îlette de repos auditif nécessaire au bien-être. Les rumeurs humaines, elles, font partie du silence.

À ce silence relatif s'opposent des silences intenses. Celui des musées, d'abord. Mis à part quelques grands musées célèbres où la foule ne sait pas se taire, la plupart des autres, vides de visiteurs ou quasiment, jouissent d'un silence épais de bibliothèque, l'air y est lourd des toiles et statues qu'ils contiennent.

Le silence des églises est autre que celui des musées. La sonorité du volume, l'écho délicat ou incroyablement long enjolivent la voix et donnent envie de chanter. Comme on y est souvent seul, il arrive que l'on cède à cette envie. À Nevers, à Fuveau, à Gourdon, dans d'innombrables villages nous avons chanté l'*Ave Maria Stella*, le *Veni Creator*, un chant de troubadour ou le *Salve Regina* du Rouergue, qui n'a besoin que de trois notes pour s'élever au-dessus des voûtes. L'effet vocal était souvent puissant, l'église résonnant comme un gigantesque coquillage. Il n'y a pas beaucoup de prêtres, et à un sacristain ou une sacristine est confié le soin d'ouvrir le portail à heure fixe afin que l'église prenne l'air et le soleil. Il est rare d'y trouver des gens venus prier. Seules parlent les statues anciennes de la piété. Ces églises devenues inutiles sont humides et froides comme la mort. On les entretient malgré tout, on les garde en état comme on garda longtemps les lampes à pétrole pour quelque circonstance qui priverait d'électricité, on les garde cirées, nettoyées, fleuries parfois, pour un hypothétique retour de la foi et une nouvelle abondance de prêtres. Si par hasard l'on trouve quelqu'un en train de prier, au milieu des trésors d'architecture ou de mobilier, il a choisi des statues sulpiciennes repeintes de neuf, Rita, Thérèse de l'Enfant Jésus, ou le curé d'Ars. L'orant assis – le plus souvent une femme –, le visage caché dans les mains, ou à genoux, le chapelet aux doigts, a allumé son lampion et murmure. C'est là que va la dévotion, car elle ne cherche pas l'émotion esthétique mais le soulagement du cœur. Ceux qui prient tournent parfois le dos à des tableaux prestigieux, à la voûte, aux chapiteaux.

Qu'importe l'arc plein cintre, la pierre bellement appareillée : ce qui compte, c'est la flamme flottant sur la cire, la transparence bleue ou rouge du plastique et la sainte de plâtre vers lesquelles monte la psalmodie.

De l'autre côté de l'eau

Il sortit sur le seuil. C'était un matin de brumes légères. La route qui menait chez lui, humide de nuit, était bleue. « Il y aura toujours un matin », se dit-il. Il souriait.

Un premier visiteur montait déjà le raidillon, la chemise tachée de sang, une plaie à la tête. L'air était plein d'ailes. Il leva vers l'hôte un regard surpris. L'hôte se taisait. C'était toujours ainsi. Leur première réaction était l'étonnement.

Le visiteur s'assit sur le banc, contre le mur, sous la treille aux grappes mûres.

– Ainsi donc, dit-il, c'est comme...

– Oui, dit l'hôte. Comme. Et en même temps autre. Entrez, proposa-t-il.

– Non, s'il vous plaît. Il faut que je m'habitue. C'est si inattendu.

– Vous êtes arrivé comment ?

– Un accident de voiture. Je conduisais vite. Non que j'aie voulu mourir. Mais tout était si raté et si stupide. Il me tardait que cela finisse. Avec le vague espoir de recommencer.

– Voulez-vous un verre de vin ?

– Alors, même le vin...

– N'était-ce pas prévu ?

Le visiteur regardait par-delà la barrière de bois, le jardin étincelant de l'aube.

– Où est-Il ? murmura-t-il.

L'hôte eut un geste vers le jardin : « Il vous attend là. »

– Comment fait-on ?

– C'est simple. La beauté et l'amour sont beaucoup plus simples que nous ne l'imaginions.

– Cela sent la soupe, remarqua le visiteur.

Le soleil éclaira le plastique écarlate d'un jouet d'enfant.

– La soupe, les enfants. Je vois. Je sens. Il me semble que je suis vivant.

– Vous n'avez jamais été aussi vivant.

– Et je n'ai même pas peur. Hier encore j'avais peur et honte. Aujourd'hui, je tremble, mais je n'ai pas peur.

– De quoi auriez-vous peur ? dit l'hôte. Des comptes à rendre ? Ce sont des histoires pour enfants pas sages, des histoires d'hommes terrestres que l'addition et le prix à payer. Ici, il n'y a pas de bagages, mais pas non plus de péage.

Le visiteur regarda celui qui l'avait accueilli, son poil blanc et ses joues ridées.

– On m'avait dit, devant le retable d'un musée, que nous aurions tous trente ans, et je craignais de ne pas retrouver ma mère telle qu'elle est dans ma mémoire. Maintenant je sens sa douce vieille main.

— Comment, dit l'hôte, pourrions-nous enlever aux êtres l'âge dur ou tendre qui les a moulés et affinés ? Nous compliquions tout.

Le jour grandissait.

— Allons, dit l'hôte, il vous faut y aller. Ne manquez pas le premier matin du monde.

Et il ouvrit la porte. La splendeur du potager sauta au visage du visiteur.

— Marchez, dit l'hôte. Vous verrez bien quand ce sera Lui.

Le visiteur s'avança dans l'allée. Il écartait les fils de la Vierge, minces filins d'or d'une branche à l'autre. « Je suis vivant », dit-il à mi-voix en regardant ses mains. « Je suis vivant », répéta-t-il plus fort.

Derrière un drap pendu à l'étendoir, il reconnut la silhouette de sa mère. Mais il voulait d'abord aller à Sa rencontre.

Derrière les murs

Cette semaine est à marquer d'une pierre blanche. J'ai reçu une lettre du groupe fréquentant l'aumônerie de la prison de Metz. La religieuse qui s'en occupe avait lu en réunion l'une de mes rubriques. J'y parlais de ce Père si tendre qui nous attend de l'autre côté de la mort et nous pèsera, mais à la mesure de son amour incompréhensible. Les gens emprisonnés m'ont écrit qu'ils en avaient tiré paix et espérance.

Après la publication des *Enfants du bagne* où j'ai parlé d'un siècle d'enfermement de mineurs – 1850-1945 –, j'ai été beaucoup invitée dans les prisons pour en parler. J'ai vu ainsi Riom, Valence, Béziers, Avignon, Toulouse, des maisons d'arrêt, et aussi des centrales pour longues peines comme Muret. J'ai visité aussi tous les vestiges qui demeurent des pénitenciers pour enfants. Tous les lieux fermés se ressemblent, anciens ou très modernes : des murs, des clés, des cachots, des surveillants, une vie rythmée par un signal sonore.

Une réflexion m'est venue alors : les couvents aussi sont clos, une police est à la porte qui empêche d'entrer aussi bien que de sortir. Pareillement aux prisons les horaires, la discipline, le silence scandent les jours et les heures du jour. Rien ne ressemble plus à un règlement intérieur qu'une règle monastique. D'où vient alors que, dans un cas, l'homme peut trouver un affinement de lui en s'élevant vers Dieu et que, dans l'autre, il souffre à chaque instant de la violence, de la rigueur disciplinaire, de l'enfermement ?

La réponse est peut-être dans ce qu'il se passe à l'intérieur du périmètre enclos qui peut devenir jardin ou enfer. À quoi sert la rigidité de la vie ? Pour quel fruit est-elle créée ? Pour punir ou pour mieux vivre demain, quand, la peine terminée, l'on reviendra vers la vie ?

Le monde extérieur apparaît aux prisonniers distordu par la télévision qui, quinze heures par jour, trompe le temps trop long et l'inaction. Quelle présence humaine vient de l'extérieur pour dire : Vous m'intéressez, je refuse de vous oublier, je ne veux pas voir seulement la ville brillante et les monuments dont elle s'honore, c'est derrière les murs des prisons que Dieu est présent, plus sûrement que dans les cathédrales « touristiquées ». Mais quelle ville parle de ses prisons ? Oh ! « Béziers, son pont-canal, ses neuf écluses », tant que l'on veut, mais qui annonce : « Maguelonne, sa prison », « Belle-Île-en-Mer, son ancien pénitencier pour enfants » ? À Cadillac, près de Bordeaux, des scolaires viennent faire la visite-patrimoine, un questionnaire en main. Rien ne vient assombrir leur joie. Pas un instant il n'est question de la prison pour mineures qui fut là, dans ces bâtiments superbes mais austères, noirs et humides. Il faut être initié pour que la conservatrice vous amène par des couloirs glacés dans des pièces fermées à la visite. Il y reste les fameuses « cages à poules », ces alvéoles minuscules, deux mètres sur trois, où l'on enfermait les mineures délinquantes, chaque nuit. À les voir, on croit entendre des rumeurs de douleur. Et c'était quand ? En 1950.

Dans la ville, cherche la prison. En ces jours où les anciennes maisons de correction vont rouvrir sous le nom de centres fermés, exigeons qu'à l'intérieur des murs, si des murs sont nécessaires, ne recommence pas un nouveau Massacre des Innocents.

Paraboles des vieux frères

Ce fut un vrai et bel hiver. Dans le silence, la solitude, les stations près du feu flambant, j'ai beaucoup pensé à tous ces gens âgés et fragiles qui ont traversé ma route et que je suis allée visiter en hiver surtout parce que alors j'ai plus de temps.

J'allais voir Léonce, au Clos Vermeil, Jeanne à la maison de retraite de Vabre, l'autre Jeanne à celle de Brusque, d'autres encore. Ces lieux sont souvent oubliés par ceux qui sont dans le plein de la vie. Ils effraient malgré leurs noms ronflants de jardin des Hespérides.

L'hiver, pour ces maisons, est l'occasion de décorations, de séances récréatives. Partout ce sont des pendeloques dorées, des crèches, de la neige, des étoiles et, sous les guirlandes brillantes, les visages sont réjouis.

J'assistais à des séances de chant pour lesquelles on distribue des carnets de paroles. Les pensionnaires suivent les couplets, chantent quand ils le peuvent, exhortés à l'ardeur par les

122

animateurs qui tentent d'obtenir un refrain repris en chœur, des applaudissements. Des boissons et des pâtisseries circulent. Dehors c'est le beau ciel d'hiver, les chansonnettes montent. Tout y passe : *Méditerranée, Étoile des neiges,* les succès de Piaf, *Le petit bonheur, La ballade des gens heureux, Les feuilles mortes.*

Parfois, j'avais peur que les paroles entrent en eux et les désespèrent – ce petit bonheur blessé, ces feuilles ramassées comme les souvenirs et les regrets. Mais non. Ils étaient heureux. Heureux malgré ces pensionnaires, près d'eux, passés de l'autre côté du temps, qui se lèvent, veulent partir « chez eux », se déshabillent pour aller au lit et que les valides supportent avec patience. Patience souvent méritoire dans ce couple dont l'épouse est immobile et muette dans son fauteuil et l'homme droit, agile, indécemment jeune. Magnifiques leçons d'indulgence et de fidélité.

J'arrivais, parfois, au milieu de « Questions pour un champion ». Tous mobilisaient leur mémoire, puisaient dans des souvenirs scolaires enfouis, voulaient faire face. « Qui a creusé le canal de Suez ? », « Quel était le fleuve de la campagne de Russie ? » Beaucoup répondaient et ceux qui avaient perdu la parole à la suite d'une hémiplégie manifestaient leur approbation en remuant la tête. La dignité, la fierté étaient intactes en eux. Et il faut louer ceux qui s'emploient à les faire jaillir. J'ai pensé aussi à ce beau couple de Paulette et Clément et au jour où Clément m'a offert le dernier bocal d'olives – je veux dire le dernier de sa vie. Rejoint par la maladie, il avait consenti à l'arrachage de ses vignes. Il n'avait pas un mot de regret. En ce moment fragile où ils jouissaient de leur vie, tous deux, se coupant la parole pour au moins tout dire, me racontaient avec un bavardage d'oiseaux l'histoire de l'olivier. Dans le creux pourri d'une souche, un noyau d'olive a germé et pris racine. Clément a vu ce petit olivier naissant et a laissé faire. Nourrie du bois pourri, la racine a plongé jusqu'au sol où elle s'est fixée. La souche a disparu et l'olivier a donné des fruits magnifiquement charnus. Il m'offrait les derniers dans cette cuisine de gens modestes où la lumière très belle tombait sur un mobilier pauvre mais brillant de propreté, sur des pavés nets.

Ce dont je parle ici, la joie et l'intégrité des vieilles personnes, la souche pourrie mère de l'olivier, ces paraboles de vie, il faut les chercher dans ce qui nous entoure – le plus poignant comme le plus admirable.

C'est notre travail d'hommes et de frères.

Le réveillon des ermitesses

Après la messe de minuit, sans rompre avec la pauvreté qu'incarne la Nativité, les ermitesses font réveillon. Les ermites de Marie, un ordre qui n'a qu'une maison, vivent dans la montagne des... Il faut taire le nom, elles ont choisi l'ensevelissement. Elles vivent en laure. Chacune a sa petite cabane où elle travaille, prie et mange seule. Leur clôture est un simple fil de fer. C'est pauvre et beau comme la Portioncule. Et l'on songe à François et à ses premiers compagnons. Elles vivent dans le silence, mais une fois par mois, elles s'offrent une promenade et mangent ensemble le jour de Noël.

Pour gagner leur vie, elles élèvent des chiens des Pyrénées et celui qui, par hasard, les croise sur les chemins des... (taisons-nous) croit voir apparaître des anges et de grands lions blancs.

Rien ne leur convient mieux, pour Noël, que les treize desserts où tout, du nombre des nappes blanches aux coupelles de blé germé, évoque le Christ, la Trinité et les Apôtres – les trois cierges, les coupelles de blé naissant comme la lumière.

Treize desserts, treize douceurs. Un : des amandes ayant pris légère couleur brune dans une poêle chauffée ; deux : une brioche maison ; trois : des biscuits minces et légers de la marque Monastère – il s'agit d'un échange avec la chartreuse de Voreppe ; quatre : de la confiture de fraises ; cinq : des prunes sèches ; six : des pâtes de coing brillantes de sucre cristallisé – un jardinier leur apporte le surplus de sa production ; sept-huit : des figues sèches ouvertes et fermées sur une demi-noix ; neuf : des pommes reine-des-reinettes lumineuses de leur rose à joue ; dix : des abricots secs, petits soleils ; onze : du pain d'épices, maison, comme la brioche. Tout cela est débité en portions minuscules car il s'agit moins de se nourrir que de se réjouir en picorant comme les oiseaux du ciel. Au milieu des assiettes fume la chocolatière. Douze. Et là, à côté, ai-je bien vu le treizième dessert : une bouteille de... mais oui, de Maury, un vin de pays sucré et fort en alcool. Pas besoin d'en boire beaucoup pour être un peu pompette.

C'est ce qui arrive aux religieuses dans l'étrange nuit qui inverse tout : le sol est blanc de gel et le ciel blanc d'étoiles.

Au-delà de la clôture, des anges dorés gardent le troupeau des chiens immaculés. Les bergères peuvent célébrer la joie de Noël. Aucune ne doute qu'aujourd'hui, au cœur de l'hiver, est né le printemps.

Demain, le travail silencieux et solitaire reprendra. Matines, à réciter la nuit, les ruches, le jardin, les vigiles et le vrai carême, le pain, la cuisine qui prépare les petits paniers de provisions du jour, la lessive, la couture. Elles passent d'un métier à l'autre : les chèvres, le fromage, la préparation de l'Eucharistie.

C'est une vie dure et très pauvre. Elles ont droit, plus que nous, à la relative abondance mais aussi à la joie du réveillon.

Tisser la prière

« Mettons-nous en présence de Dieu et ado-
rons-le. » Voilà comment, pendant de longues
années, commencèrent pour moi les prières du
matin et du soir. Cette formule faisait naître un
malaise qui n'est toujours pas dissipé. Car
aujourd'hui encore j'ignore ce que signifie « adorer Dieu ». Et d'ailleurs, Dieu désire-t-il être ado-
ré ? Il désire être aimé. Aimer ce Dieu dont le
Christ nous a révélé qu'il était Père – quelle révo-
lution ! –, voilà une chose enthousiasmante qui
remplit le cœur du rare bonheur d'espérer le rencontrer un jour.

Le hic, c'est la voie, qu'au nom de ce Père,
l'Évangile nous montre pour pratiquer cet
amour : le chercher dans les autres et dans les
plus misérables des autres. Les va-nu-pieds, les
pécheurs, les éclopés de la vie, les pauvres de
tout poil. Si l'Évangile des pèlerins d'Emmaüs
fait trembler de douce joie, c'est une autre affaire
lorsque me voilà devant mes frères. Si j'avais rencontré Jésus, en son temps, avant le matin de

Pâques, serais-je allée vers lui ? N'aurais-je pas été celui qui se détourne « tout triste » car il possède de « grands biens » ? Est-ce que je reconnais Jésus lorsque s'avancent ceux vers lesquels, obligatoirement, je suis renvoyée ?

C'est là que, pour moi, il y a la place de la prière, non pour s'isoler, non pour contempler ou adorer, mais afin de rassembler l'être et ne pas laisser passer la rencontre. Et qu'Il ne puisse dire : « J'étais nu et tu ne m'as pas vêtu. J'avais faim et soif et tu ne m'as donné ni à manger ni à boire. J'étais en prison et tu ne m'as pas visité. » Jusqu'au pardon qu'il faut accorder à tous et qui est en même temps le pardon qui nous est donné.

Pour cette tâche, il faut mettre sa vie en présence de Dieu. Car, tous les jours, je passe à côté de lui sans le voir. Ou je préfère ne pas le voir. C'est trop dérangeant. Trop exigeant. Il m'arrive de lui dire avec impatience : Arrête de croiser ma route.

Comme il est facile d'aimer un Christ innocent, d'aimer un Dieu aimant. Comme il est difficile d'aimer l'autre.

Pour m'inciter à l'exigeante fraternité, j'ai besoin d'une prière fixée à la vie, non pas ponctuelle mais veillant sans repos. Certes il y a les temps pour relire la Parole, mais il y a une sorte de prière permanente qui permet de se juger à la seule jauge demandée : l'amour que nous aurons donné, non pas à Dieu directement, si facilement aimable, mais à chacun.

L'orgueil et l'égoïsme, ou l'avarice, ne vont pas

fondre par miracle. L'attitude de prière, la disponibilité de prière, posée en permanence près des actes, empêche de demander à Dieu d'opérer à notre place. Les miracles, ou nous les ferons, ou il n'y en aura pas.

C'est cela, la prière : cette voix dans nos vies, discrète, sans geste ostentatoire, qui pose la présence de Dieu près de nous dans l'ordinaire des jours.

La contemplation, connais pas, l'âme qui s'abîme en Dieu, non plus, ni l'extase. Je craindrais qu'il ne me tape sur l'épaule et ne me demande ce que je fais les yeux fixés au ciel.

Mais qui sait ce qui me sera donné par surcroît...

Ephphéta

Pour le rituel de l'Ephphéta, on enduisait de salive les oreilles et les yeux des catéchumènes afin qu'ils entendent et voient.

C'était une caresse très intime car que désire celui qui aime, sinon que l'autre l'entende et le voie ? « Ouvre-toi. » C'est la parole du printemps et de l'amour. C'est le mot du carême pour lequel il nous est conseillé de nous laver la tête et de nous parfumer, de prendre l'air joyeux qui flotte dans l'air et non de faire grise mine. Voir, tout simplement, avec les yeux, entendre avec les oreilles. Que nos sens sachent se réjouir, exulter, dire un juste merci pour tout ce qui feuille, fleurit et porte du fruit. On peut en inventer des litanies franciscaines de cette joie venue de biens inachetables où l'on peut puiser sans rien s'approprier. Savons-nous trouver du bonheur à rien ne coûte et surtout le proclamer ?

Un Cantique des créatures monte chaque matin, si toutefois nous écoutons assez bien pour entendre. En avril tout se déploie à la lumière, tout s'ouvre. Pâques sera le cœur triomphant du printemps. Le cerisier nuptial, vêtu de blanc pur, les moineaux de la gare de Lyon, les platanes, tilleuls et prunus des villes, tout en feuilles fragiles, les petites pensées des balcons, la chansonnette à la mode qui met le sourire aux lèvres, l'odeur des marchés au matin, les bruits du silence et des douces paroles, le goût des jeunes fèves, les tables amicales dans les soleils un peu acides encore, nous aurions bien tort de les négliger. Les bonheurs que nous donne ce qui est créé sont bons pour la lumière de l'âme. Et que vaudrait d'être lavé et parfumé si nous avions le sourire crispé ?

Mais la vie est une et les sens ne sont pas seulement des moyens de jouissance.

Cette semaine, j'ai lu un livre accablant. Un ouvrage d'histoire sur les enfants illégitimes, les filles-mères devenues criminelles parce qu'elles craignaient d'être objet de mépris, ou les infanticides dans des familles misérables et trop nombreuses, les « tours » des hospices où l'on abandonnait les nouveau-nés, morts parfois, sur la prostitution, véritable commerce, et les filles comme marchandise. L'analyse sociologique concernait le département de l'Aveyron de 1850 à 1920. Il s'agissait pourtant de cet « autrefois » dont on ne cesse de nous rabâcher les mérites et les valeurs, le bien-vivre et la foi ardente. Une telle somme de misères morales et matérielles fait peur.

Ces temps-ci, une campagne d'Amnesty International nous oblige à regarder vers les prisons pour enfants en Russie, vers les vieillards et les handicapés mentaux parqués et abandonnés à la solitude et au désespoir en Roumanie. Le Massacre des Innocents, nous avions cru que c'était hier, là-bas, à l'époque d'Hérode. Regarder n'est jamais confortable. Écouter non plus. Écouter les messages qui dérangent encore moins. Dans un autre rite, celui de l'autre bout de la vie, l'extrême-onction, tous les sens sont interrogés l'un après l'autre.

Qu'aurons-nous fait de ces sens qui nous permettent de saisir et de comprendre ? Serons-nous de ceux qui ont un nez et ne sentent pas les miasmes – ou s'en protègent –, qui ont des yeux pour les fermer et des oreilles pour les boucher ?

Il s'ajoute au rite l'onction des pieds et des mains. Au paralytique. Jésus dit non seulement : « Lève-toi », mais : « Marche ». Avons-nous porté nos pas vers le Royaume et sa justice ?

Si *Ephphéta* est le mot du printemps et de l'amour, il est aussi celui, fort et exigeant, d'un beau travail de carême. Il est un ordre. Il est une promesse.

« *Tressaillez de joie...* »

De loin, rien n'a changé. Le promeneur qui s'arrête au col comprend bien que le village de Blanc est abandonné. L'épaisseur des bois encombrés de ronces, les pans de murs mangés de lierre le disent assez. On pense que c'est dommage en voyant l'église et le clocher à la pointe de l'éperon rocheux, comme une nef vertigineusement posée dans le moutonnement des montagnes. Au fond du ravin, le torrent se nomme le Sanctus. Mais lorsqu'on s'approche, par le chemin entretenu, on remarque que quelque chose de ténu et fort empêche l'abolition de ce lieu pauvre et venté où vécurent durement des hommes avant de le déserter pour des terres plus clémentes. Les haies sont tenues en respect dans le cimetière, le cyprès planté pour la Toussaint est bien vif, les tombes nettes et fleuries. Et, nouveauté toute récente, la cloche a repris sa place, toute sa place puisqu'elle sonne dans le petit clocher carré. Pourtant il a bien failli s'effondrer. Il a fallu déposer la cloche et trouver l'argent nécessaire à la restauration de son habitacle.

C'est chose faite. Quelle belle journée que celle où elle a rechanté après quarante ans de silence.

En approchant de près cet étrange oiseau dans sa cage de pierre, on a pu voir qu'un saint Jean-Baptiste était inscrit en relief dans le bronze, ainsi qu'une Vierge à l'Enfant. Mais on n'a trouvé aucun nom.

Aussi, lorsqu'elle fut remise en place, cette cloche sans identité a été baptisée Élisabeth-Marie-Joseph.

Élisabeth, parce que c'est dans le ventre de sa mère que Jean a tressailli de joie à l'arrivée de Marie, enceinte de Jésus. Et Joseph, parce qu'il est souvent oublié et qu'il fut sûrement le tout premier à s'émouvoir de la présence de Dieu dans le corps de sa femme.

Nous avons chanté l'alléluia de Pâques et la cloche a répondu. Sa voix est partie dans la vallée, partie vers la terre pour parler à ceux qui vivent encore dans les hameaux agrippés aux pentes du Sanctus. Des hommes, ici, s'appliquent à vivre et, même lorsqu'ils sont partis, ils n'entendent pas laisser s'abolir la mémoire.

C'est l'ancien sonneur – celui-là même qui avait annoncé l'armistice – qui, tout ému, a actionné la corde. Et la voix de la cloche est descendue vers les assistants comme un baptême d'esprit.

Désormais, elle marquera l'angélus et ceux qui l'entendront, car ils furent de ceux que les cérémonies religieuses ont nourris, penseront au plus beau chant du monde, celui de l'espérance des humbles : le *Magnificat*.

Nous avions vendu de petites cloches et c'est au milieu des tintements mêlés à notre joie que nous avons pris le chemin printanier de la table fraternelle du soir.

Les clochers, disait-on, sont la demeure des anges. En tout cas, depuis le retour d'Élisabeth dans celui de Blanc, modeste mais dressé, une présence de plus habite la vallée. Des anges ? Pourquoi pas, si l'on donne ce nom à cette part dans les hommes que l'Esprit féconde à leur insu et qui ne demande qu'à tressaillir de joie.

Derrière le troupeau

Matin et soir, il m'arrivait d'aller garder le troupeau avec Anne-Marie. Le matin, le parcours était bref. Nous allions le long de la rivière dans un vaste pré, une luzerne coupée plusieurs fois déjà et, en cette fin d'août, sèche, courte et pauvre. Le commencement du jour était presque froid.

Mais quand le soir, vers cinq heures trente, nous montions vers Sisague, la touffeur était encore caniculaire. Je m'habillais de blanc et à mesure que passait le temps, prise dans la poudre soulevée par les sabots, je me teignais de rose.

Cinq cents bêtes dans un chemin étroit de colline, cela fait un large serpent qui s'écoule et dont l'extrémité se perd dans un nuage plus épais qu'un feu de Bengale. César, le chien berger, et Tom, le chien apprenti, assuraient la garde arrière. Nous, nous marchions devant, beaucoup moins gênées que les brebis par la poussière, du moins tant que nous étions bien détachées du troupeau, par les chemins qui canalisent son flot et où nous faisons barrière avec nos bâtons – ce flot que l'on voit couler de loin comme une rivière rose. Mais lorsqu'il s'agissait de traverser une jachère ou un pré blanc de sécheresse, le front du troupeau s'élargissait, et, malgré les chiens, les brebis nous noyaient d'odeurs et de bêlements. Des particules de terre crissaient entre nos dents et les mouches nous environnaient par nuées. Anne-Marie évoquait en riant ses stagiaires qui pensaient profiter des heures de garde pour bronzer et partaient en shorts et débardeurs quand ce n'était pas en maillots, tête nue pour hâler leur visage. Au bout de quelques jours, piqués de taons, la peau irritée de sueur et de poussière, ils adoptaient sagement manches longues, pantalons et chapeaux à large bord.

La garde consistait en une grande boucle, avec quelques arrêts, le dernier au lieu le plus lointain, puis le retour, d'une seule traite.

Les brebis ne cessaient de manger. Quand s'arrêtait le bruit de leur piétinement, on entendait celui de leurs mâchoires arrachant l'herbe, musiques de fond fortes et douces.

Dès que nous faisions halte, le chien César venait quêter la caresse tendre. Il est d'une obéissance absolue et d'une intelligence qui confond. Anne-Marie ne lui parlait qu'à mi-voix, parfois se contentait d'un geste.

Au dernier arrêt, nous nous asseyions plus longuement sur un peu d'herbe et alors, au niveau des brebis, salies et suantes autant qu'elles, nous

138

étions la proie des mouches. J'interrogeais la bergère :

– Qu'est-ce que tu fais quand tu pars seule pour plus de trois heures ?

– Je couds, je lis, je pense. Et je prie. Lire, pas souvent, parce que la préoccupation est incessante. C'est rare de passer plus de cinq minutes sans donner un ordre au chien, sans lever les yeux vers un bêlement particulier – je connais le langage des brebis, j'identifie la détresse, l'appel, la peur –, sans m'assurer qu'aucune bête ne s'éloigne de mon regard. Coudre ou tricoter n'empêche rien, ni la pensée, ni la prière. Après chaque interruption, il est facile de renouer avec la réflexion ou la méditation. Je ne sais comment dire. Mon esprit fonctionne sans arrêt à côté du souci des bêtes, mon âme et tout ce que je suis, même mon corps – il est impossible de l'oublier dans l'inconfort. Comme un crible, comme une vrille ma pensée tourne. Tout y passe, les gens, les nouvelles du monde, les histoires entendues, les lectures faites. Je suis à la fois détachée et plus près de tout. Je n'oserais pas dire de Dieu, mais c'est peut-être pareil. Est-ce que je pourrais me passer de ce silence, de cette hauteur ? Heureusement, on peut être berger jusqu'à la mort. Il suffit de pouvoir marcher, même mal. Et d'avoir un bon chien.

César, près de nous, haletait et toussait. Son nez et sa gorge étaient encombrés de fine farine d'argile.

Nous rentrions à la ferme à nuit presque close.

139

Seul l'horizon restait rouge sang. C'était une beauté d'éternité, encore que fugace, cette ligne douce des champs crépusculaires, les arbres contre le ciel enflammé, et le bruit de pluie du troupeau. Près de l'odeur du suint se levait celle du thym foulé. Elle disait : « Regarde ! » Elle disait : « Sens ! »

Pendant notre absence, un de ses fils avait garni les mangeoires, rempli les abreuvoirs et répandu la paille fraîche à l'incroyable luisance d'or.

Je rentrais chez moi pour souper. L'époux m'attendait. C'était l'époque de l'année où le repas du soir consistait souvent en une « sauce de l'homme pauvre » et il était juste et nécessaire que ce repas couronnât les heures précieuses du jour, inépuisables dans leur simple plénitude.

Le plus petit des saints

Ainsi parla un jour François à ses frères d'Assise :

« Mes frères, brebis de Dieu qui, avec moi, avez choisi la joie, venez. Et avance aussi, toi, sors de la touffe de menthe humide où tu te tenais, car je veux saluer devant tous frère Crapaud.

Approche, Bentivoglia, prends dans tes mains le petit frère. Tu hésites, toi qui portas le lépreux ? Tu n'aimes pas sa robe granuleuse, rêche, tu crains son jus blanchâtre, tu as peur d'être couvert de pustules ? Tu n'auras pas le moindre mal, c'est François qui te le dis.

Ne vois-tu pas que cette peau te donne une leçon de simplicité ? Ta propre bure, sa couleur, la corde qui fait ceinture, sont pour toi des sujets d'orgueil. À côté de celle de frère Crapaud, elle est d'un grand luxe.

Ah ! petits frères, vous aimez louer le soleil, les oiseaux, notre sœur l'eau, mais quand il s'agit de notre sœur la Mort ou de frère Crapaud, vous faites la moue. Que de chemin il vous reste à faire avant de célébrer la Création dans son unité. Élie, peut-être, va le recueillir, l'honorer d'une caresse...

... Alors, toi non plus ?

C'est un nain difforme, dis-tu. Et tu ris de sa bouche de clown, de sa démarche. N'oublie pas que de François lui-même l'on dit qu'il est petit et laid. Cesse donc de regarder avec les yeux de la chair.

Voilà que frère Humble se décide. Tu approches le doigt, c'est bien. Ah ! Tu le recules. C'est ce gros ventre blafard, plus nu que nu qui te répugne. Ce qu'il contient te répugnerait plus encore. C'est un énorme sac de limaces, de larves, de scarabées, de vers, de vermines de toutes sortes. Il fait pitance de ce qui nous nuit. Et vous qui étiez si fiers du pain mendié de vos repas.

Moi-même, j'ai demandé à frère Léon de m'humilier tant mon orgueil était grand. Nous sommes gonflés de notre superbe, alors que frère Crapaud ne se gonfle que d'air. Lui n'a pas eu à chercher l'humiliation. Il n'avait rien mérité et a été calomnié, moqué, haï. On en a fait l'image de la sorcellerie, du mal, même de la lubricité alors qu'il féconde les œufs hors du ventre de sa femelle. Que n'a-t-on pas dit de mensonger à son propos : que son urine aveugle, que sa bave empoisonne les plantes. Jésus n'a pas été plus chargé d'opprobres et plus injustement que notre petit frère.

Toi, Ruffin, que je ne crains pas d'appeler déjà un saint, toi qui ne sais pas prêcher et à peine parler, recueille dans ta paume frère Crapaud, le débonnaire car il nous dépasse en humilité, utilité, pauvreté, discrétion et chasteté. Va le remettre doucement près du ruisseau.

Regardez-les qui s'en vont sous le velours de la lune, ceux que ce soir je vous donne pour modèles. Saint Ruffin portant tendrement le plus petit des saints, jusqu'à sa niche de boue, plus misérable que nos cabanes percées.

Un tout petit saint sans auréole. Il n'en a pas besoin, elle est dans l'or admirable de ses yeux.

Il dort le jour.

Il prie la nuit, entre deux bouchées de cloportes.

Sa louange pure, transparente, monte, ronde comme la lune, la perle, la goutte d'eau, coule finement comme des grains d'*Ave*. »

Passeuse de lumière

Elle est morte cet hiver. Sa disparition n'a pas déplacé les foules. Appliquée à assister à tous les enterrements du village, elle a eu bien peu de monde le jour de sa propre sépulture.

La veille, j'ai fait la « visite » à sa maison. Ses nièces avaient installé près de l'eau et du rameau bénits les quelques santons défraîchis d'une crèche qu'elle aimait sortir de sa boîte chaque année. Une crèche de pauvre comme son intérieur. La toile cirée fleurie sur la table, le plancher de sapin blanchi à force d'être lavé, tout était comme du temps où elle était vivante – avant la maison de retraite –, quand j'entrais pour lui acheter son jardinage.

Je l'ai embrassée et je lui ai demandé : « Dites-moi où sont les chemins, où est la fine passerelle vers l'autre rive ? » Car je ne doutais pas qu'elle le sût. Elle n'a pas cessé d'être pour moi une passeuse de lumière. Depuis plusieurs dizaines d'années que je la connaissais, il n'est pas une fois où elle n'a eu de ces paroles claires et nues comme

une lame. Ce qu'elle disait coulait sans effets ora-
toires, mais avait parfois une grâce angélique ou
franciscaine.

C'est d'elle que j'ai reçu la plus belle leçon de
modestie. En caressant ma robe elle me dit :
« Vous êtes vêtue de soie, comme les oignons. »
D'autres, ici, disent « comme les porcs », mais elle
aurait craint de me blesser. Alors elle avait trouvé
les oignons dans son expérience de jardinière. Ce
jardin, elle parlait des plaisirs qu'il lui donnait.
Devant la beauté de la lumière du matin et du
soir, pour la tomate ou la carotte qu'elle croquait
crues, la prière lui venait aux lèvres : « Le Bon
Dieu me gâte, il me donne des plaisirs de riche. »
D'autres eussent été amers en jetant un regard
sur une vie de travail et de solitude. Elle, non.

Elle poussa longtemps dans les rues une char-
rette à bras où elle installait son jardinage. Elle
avait un tel souci de l'honnêteté de ses prix que
parfois on s'étonnait : « C'est que, répondait-elle,
cela ne m'a pas coûté... » Le soir, elle quittait ses
vêtements de travail, ses bottes de caoutchouc, et
se mettait propre pour aller à la messe ou au chapelet dans la chapelle du couvent, minuscule
mais suffisante pour une poignée de vieilles,
vieilles femmes. Elle chantait, répondait au prêtre, comme un clerc, ou menait le chapelet. Après,
elle s'occupait de guider jusqu'à leur maison les
plus chancelantes. « Il faut s'entraîner », répétait-
elle, bien que l'amour et le service fussent le plus
souvent à sens unique, d'elle vers les autres. Ses
phrases me firent, au fil des ans, franchir des

portes vers plus, vers mieux. À moi qui me piquais de langage, elle disait : « Vous savez faire parler le papier. » Le papier, peut-être, mais savais-je comme elle inviter à de subtils passages ?

C'est pourquoi en l'embrassant sur son lit de mort, je lui ai demandé le chemin. « C'est ainsi que tout finit, il ne faut pas le prendre au tragique. Il s'agit que le Bon Dieu nous ramasse », aimait-elle à répéter. L'idée que Dieu nous « ramasse », comme des haricots ou d'humbles détritus, me plaît au-delà de tout. Il lui arrivait parfois de ne savoir exactement s'exprimer. Alors elle mettait sur mon bras sa main épaisse capable des gestes les plus délicats. « Nous fusionnons sans paroles, n'est-ce pas ? »

Maintenant que nous ne parlons plus, nous fusionnons toujours. Elle est devant et pousse sa brouette, si légère sur les passerelles vers l'invisible...

Le verbe et la chair

Que j'étais savante avant d'apprendre quoi que ce soit !

Avec ma cousine, l'un de nos jeux préférés consistait à dessiner des jardins dans le sable ou la poussière. Nous clôturions l'espace avec des cailloux, tracions des allées, grattions la terre, labourions de trois doigts. Puis nous écrivions sur les plates-bandes « fleurs », « salade », « carottes ». Et nous étions certaines que les mots feraient pousser la plante. Si rien, jamais, ne germait, nous l'attribuions à la vie éphémère de ces jardins. Déjà j'avais compris la Genèse, cette incarnation par la seule parole. J'avais aussi compris l'Incarnation de Jésus en Marie. Sans que, bien entendu, je connusse les textes.

Après tant de lumineuses intuitions, j'entrai dans une longue période d'obscurantisme. Comme un petit âne, je lisais dans mon missel « Au commencement était le Verbe... », toute à la joie de l'*ite missa est* qui allait me libérer de mes devoirs religieux. Je récitais tous les jours *Je vous salue Marie...* sans tremblements. « Verbe » n'était qu'un mot de grammaire, un piège à fautes d'orthographe, des kyrielles à réciter par cœur, comme la table de multiplication.

Pourtant, parallèlement, aux moments du jeu, je continuais à faire exister le monde rien qu'en le nommant. Nous faisions semblant. « Toi, tu seras la petite fille et moi l'institutrice », « Que cette soupe sent bon ! » disions-nous, en nous penchant sur la casserole vide de la dînette. Nous changions de nom, d'état, par le seul pouvoir de dire. Nous faisions exister l'invisible et nos désirs. Nous mentions aussi pour être plus intéressantes, plus estimées.

En même temps nous avions l'expérience du mot qui blesse ou caresse. Nous touchions, au sens le plus concret du terme, la force du langage.

Pour la chair, je ne connaissais que la « chair salée » de la cuisine maternelle, la ventrèche du porc et, au catéchisme, l'œuvre de chair, remplie de choses imprécises et défendues.

Que de temps il fallut pour me mettre dans la tête et le cœur que le verbe c'était la parole. Celle des hommes déjà puissante, celle de Dieu capable de créer. « Il dit : Que la lumière soit, et la lumière fut. » Le mystère de ce qui est devient alors accessible aux sens et à l'esprit.

J'aurais compris plus vite si verbe avait été nommé parole et chair vie nouvelle. Parole : j'en connaissais le poids. Vie nouvelle : je m'émerveillais, comme tout enfant, des bébés, d'un petit chien, de la fleur éclose, de l'herbe verte sortie de ces lentilles que nous mettions à germer en préparation de Noël. Plus vite j'aurais eu plus d'amour que de respect pour Dieu invisible, plus de joie d'être son enfant.

Parole, on connaît : « paroles creuses », « tenir parole », « sur parole », « parole d'honneur », se comprennent dans l'instant. On ne joue pas avec la parole, c'est une exigence de foi. Dire m'engage gravement, me contraint à des actes. Dire sans faire me paraît une des plus grandes fautes contre l'Esprit.

Langue de bois, promesse non tenue, mensonge, silence coupable, m'éloignent de Celui dont la parole était lumière et dont je me veux le témoin.

Maternité d'un père

Voilà bientôt dix ans que j'ai approché une chose fascinante qui inversait toutes les données, celles de la nature, celles des conventions morales, du bonheur et du malheur. Il s'agit d'un père devenu mère à part entière.

L'enfant était trisomique. Appelons-la Aurore. Aussi bien, à l'aube de la vie, rien n'est-il joué et là réside sûrement notre liberté.

Je la rencontrais avec son père, fraîche comme une fleur, nette, vêtue de clair, les ongles peints couleur géranium, un chewing-gum rose aux dents. On lui donnait treize ou quatorze ans. Le trisomique n'a pas de maturité. Il a l'air d'un enfant jusqu'au moment où il devient, brutalement, vieux.

Son père la menait en promenade tous les jours, longuement, le visage illuminé de quelque chose qu'il faut bien appeler bonheur. Souriante, Aurore embrassait les personnes qu'ils rencontraient, se serrait contre elles au plus près, quêtait le baiser. Le seul sujet de conversation du père était cette enfant dont il parlait avec une tendresse passionnée. Jamais n'était évoquée la mère. Depuis la naissance tardive d'Aurore, elle était entrée dans un cycle de dépressions qui, finalement, la mena à l'asile psychiatrique après l'avoir enfermée dans la surdité – mais ne pas entendre, n'était-ce pas refuser ce qui se disait d'injuste sur l'hérédité et les fautes anciennes « punies par Dieu » ?

De ce drame doublé d'un autre – le fils aîné, déjà père lui-même, n'avait jamais pu pardonner « ça » et avait rompu les relations avec ses parents –, il n'était jamais question. Non, c'était le contraire du malheur que portait le père sur son visage. Qu'avait-il découvert, obligé de s'occuper entièrement de la fillette, sinon une forme exclusive de l'amour ? Il faisait la cuisine, s'occupait du linge et du ménage aussi bien que l'eût fait la mère la plus attentive. Les jours succédaient aux jours dans une relation immobile où elle était tout pour lui et où il était tout pour elle. Immobile, puisqu'elle ne grandirait jamais.

C'est là qu'à la fascination que j'éprouvais se mêlait un étrange malaise. Il ne voulut jamais la confier à une institution. Il la gardait pour lui. Il savait que rien ne pourrait la lui arracher, ni amitié ni autre amour. Elle était totalement sienne jusqu'à la mort. Il savait comment la combler d'une caresse, d'un bijou, d'un sou, d'une friandise. Les autres parents voient leurs enfants aller vers la liberté, regarder vers le futur et s'éloigner d'eux. Lui ne craignait rien de tout cela.

151

Tant de gens devaient le plaindre qu'il ne manquait aucune occasion d'exprimer cette évidence en lui : l'enfant le comblait. Au bout de quel tunnel, de quels déchirements ? Il ne songeait pas à ce qu'il adviendrait de l'enfant après son départ, il refusait de la faire grandir, à sa mesure certes, mais capable d'un peu d'autonomie et de rapports humains.

Ainsi, pour ce dernier parcours de sa vie qui le mena jusqu'à la mort, cet homme a marché sur le fil ténu et périlleux d'un rasoir, entre médisance et certitude de sa plénitude, dans la superbe indifférence de sa passion. En cet automne, je pense à eux que je rencontrais si souvent et je ne sais ce qui me trouble le plus de ce bonheur étalé, si égoïste, du regard de Dieu que j'essaie d'imaginer ou de l'accueil qu'ils recevront ensemble dans Sa main.

Adiussiatz !

Le bonjour et l'au revoir traditionnels en langue d'oc se disent : *adiu*, si l'on tutoie, et *adiussiatz*, si l'on vouvoie. C'est-à-dire « à Dieu ». « Soyez à Dieu. » On peut s'interpeller ainsi en se rencontrant dans la rue, on se quitte aussi sur cette parole. Cela n'a en rien la gravité des grandes séparations, cela n'implique pas l'idée que l'on ne se reverra plus qu'auprès de Dieu. Dans les multiples rencontres, les multiples départs de tous les jours, les gens se recommandent mutuellement de demeurer sous le regard de Dieu, se recommandent à la vigilance de Dieu.

Il y a cinq ans, je vous disais bonjour à la manière occitane. *Adiu* s'imposait : la rencontre se ferait dans la certitude qu'un Dieu paternel nous regardait et nous attendait de l'autre côté de la mort. Celle aussi que les hommes autour de nous, tous, étaient plus et mieux que des frères de sang. Sous le regard de Dieu, nous étions des frères.

Vous vous êtes sûrement aperçu que ce que je crois n'est en rien marqué d'illuminations ou d'abstractions. « Je suis de la Terre et je parle des choses terrestres », dit saint Jean. Je puis reprendre cette phrase à mon compte. Depuis ce concret périssable auquel mon corps périssable est rivé, je cherche à entrevoir ce qui m'échappe. Le monde se propose, à moi d'y trouver les signes qui mènent à Dieu caché et discret, révélé par des traces à peine visibles. De tout cela, je vous entretenais au fil des mois. Vous souvenez-vous ? Le couvain d'abeilles, cette aile d'ange. Le réveillon des ermitesses, conte vrai de la nuit de Noël. Le plus petit des saints, frère Crapaud. Mon Noël mémorable, le plus évangélique peut-être, que je n'ai pas évoqué dans ce recueil, cette messe dans la salle des pas perdus, en gare de Montpellier, faite pour les errants et les solitaires de la nuit. Le labyrinthe de Chartres. Et Blanc-sur-Sanctus, dont nous avons réveillé la cloche en la baptisant, son cimetière suspendu entre torrent et sommets enneigés où nous célébrons les morts. Vous n'oublierez pas Blanc, n'est-ce pas ? C'est encore avec ce village qu'aujourd'hui, 15 mai, je vous dis : « *Adiussiatz !* Soyez à Dieu. »

En le quittant pour venir vivre chez son neveu, une des dernières habitantes emporta deux orangers, nés de pépins qu'elle avait mis en terre, soignés, dorlotés. Ces arbres étaient un rêve des terres hautes et dures. L'hiver, ils étaient rentrés au chaud. Marthe nettoyait délicatement leurs feuilles avec un chiffon mouillé. Contre toute attente, ils grandirent, fleurirent et portèrent du fruit. Comme l'espérance. Ils ont cent ans aujour-d'hui. Ils embaument. Un avant-goût de paradis.

Adiussiatz, vous tous. Il ne faut être ni triste ni bouleversé. Au contraire, sous le regard de Dieu, soyez dans la joie.

Table

Composition Nord Compo
Impression Bussière, février 2005
Éditions Albin Michel
22, rue Huyghens, 75014 Paris
www.albin-michel.fr

ISBN 2-226-15699-2
N° d'édition : 23094. – N° d'impression : 050641/1.
Dépôt légal : mars 2005.
Imprimé en France.